Road to NASDAQ

広報マネージャーの奮闘日誌

株式会社メディロム
広報マネージャー
八巻 誠

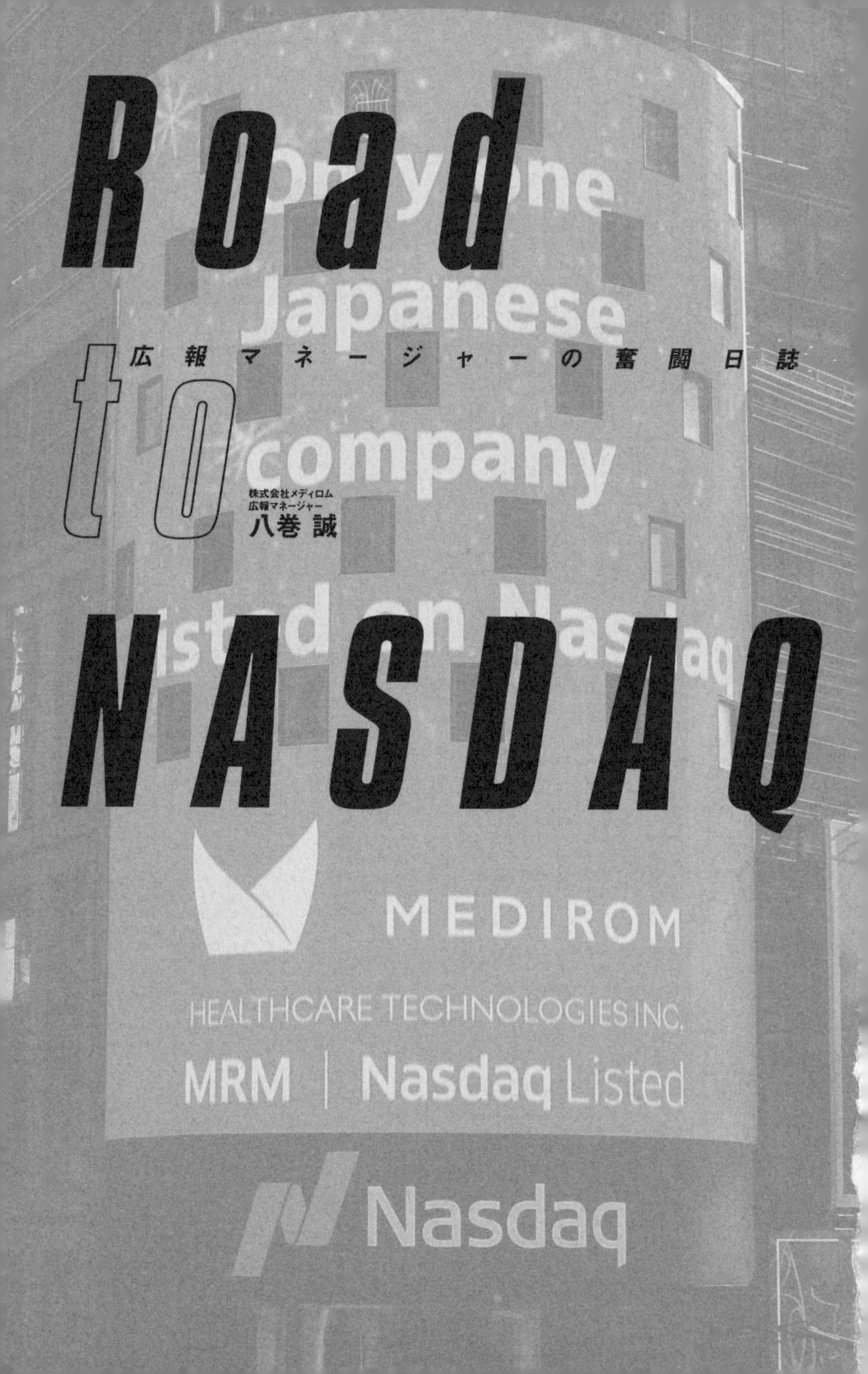

Road to NASDAQ

広報マネージャーの奮闘日誌

人前で話すのが大の苦手で、
学生の頃から〝ポンコツ〟と言われ、
就職して少し働いたら、
玉の輿に乗るのも悪くないなと考えていた私。

そんな私が、まさか
日本企業として、21年ぶりに
アメリカのナスダックに直接上場をめざす会社の広報、
それもマネージャーを任されるなんて。

広報に関する知識も経験もなく、
ナスダックと聞いて頭に「？？？」が浮かんだ私が、
それでもなんとか会社の役に立ちたいと、
悩みながら走り続けた約４か月。

どれだけ貢献できたかはわからないけれど、
先輩や仲間たちとチャレンジした結果、
新しい道を切りひらけたことは、
私にとってかけがえのない宝物です。

プロローグ

江口さん、深夜2時のガッツポーズ

２０２０年12月29日（火）。

東京・お台場にあるメディロム本社では、21時30分から「ナスダック上場記念ベルセレモニー」と題したパーティが開かれました。

私は、トリリンガルで英語がペラペラな入社1年目のクリスティンと一緒に司会進行を務めました。パーティと言っても、新型コロナ・ウイルス第３波の最中でもあり、〝リアル〟での参加者は一部の社員と株主だけに制限した、ささやかな形での開催となりました。

それでも、年末にかかわらず駆けつけてくださった株主の皆様をはじめ、日米両国の市場関係者、役員と監査役の皆さん、リモートで参加している数百人の社員を前にして、私の膝は緊張でガクガク震えていました。

パーティ開始からおよそ2時間、お客様からのお祝いの言葉や、ナスダックのあるニューヨークと日本を中継で結んでの市場関係者によるスピーチ、役員の皆さんの上場に至るまでの奇跡の物語の紹介が続きました。中には聞いていて身が引き締まるお話もありました。会場を見回してみると、誰もが一つひとつのストーリーに真剣な表情で耳を傾けて聞き入っています。

ただ、私は緊張もあって、メディロムが、日本の企業による米国ナスダック市場への直接上場という、どれだけ難しく偉大なチャレンジを成功させたのかという話を聞いていても、どうも実感が湧かず、幻を見ているような気持ちでした。

23時20分になって、メディロム代表の江口さんが挨拶に立ちました。

江口さんは、店舗で働くスタッフの皆さんや、上場に関わってくださった方々への感謝を口にしたあと、最後にこう言いました。

「上場は私たちにとってのスタートラインです。明日の世界の人々の健康のために挑戦を続けたいと思います。本日はありがとうございました」

江口さんのスピーチに対し、会場からは大きな拍手が沸き起こりました。

そして23時28分。いよいよセレモニーのスタートです。

会場内に設置したプロジェクターには、この日のために、ひと月前に撮影した江口さんのメッセージムービーが投影されました。

（やった！　ムービー投影のタイミングはバッチリ！）

私は、自分たちのプラン通りにセレモニーが進んでいることに喜びを感じていました。そして、全員によるカウントダウンとともにナスダックマーケットのオープニングベルが、23時30分ちょうどに会場内に鳴り響いたのです！

「ナスダックマーケット、ただ今オープンいたしました！」

「本当に喜ばしい快挙ですね。皆様のご支援のおかげです！」

私は興奮気味にアナウンスしました。

でも、気になる初値がなかなかつきません。

なごやかな空気の会場のどこかから、「本当に上場したんですか～（笑）」という冗談交じりの声が上がり、ＩＰＯ（新規株式公開）チームのメンバーたちが慌ててスマホで確認を始めました。でも、その後、上場コードのＭＲＭが確かに表示されていることがわかると、私はホッと胸をなでおろしました。たぶん他の社員たちも同じだったと思います。

（ホントに上場できるんだろうか？）

この瞬間まで、誰もがそんな不安な気持ちだったと思うからです。

まだ初値がつかない中、ステージから降りた江口さんが会場内を移動するたび、お客様から「上場おめでとうございます！」という声がかかり、それに江口さんは「ありがとうございます」と笑顔で応じています。これまで江口さんがいくつもの困難に見舞われ、苦しみながらそれを乗り越えるのを間近で見ていた私は、その笑顔を見た瞬間、司会としての緊張が解けて胸がジーンと熱くなりました。


時計の針は深夜1時を回り、やがてパーティはお開きになり、お客様を送り出したあとに、役員陣と一部の社員だけが残りました。

「あと1時間くらいで初値がつくらしいよ」

そんな誰かの声が聞こえました。江口さんからは解散するよう指示が出されたのですが、残ったメンバーは誰一人として帰宅しようとしません。

1時45分になって突然、ナスダックの現地担当者から連絡があり、現地と会場のプロジェクターをＺｏｏｍでつなぎ、初値がつくのを一緒に待つことになりました。

相手の担当者とＩＰＯチームのメンバーとで何か話しているのですが、その内容は私にはまったく「???」でした。

なぜなら……、それはのちほどお話しすることにします。

そして、2時。

日米間で会話する声がだんだん大きくなり、役員や社員もソワソワしだし、江口さんがプロジェクターに近づいていきました。

次の瞬間、現地の担当者が叫びました。

「Congratulations!! Welcome to the NASDAQ family!」

「Yeeeah! やった〜〜!」

そこに居合わせた全員が叫び、この日いちばん大きな拍手が沸き起こったのです。

ただ、この時になっても、私は何が起きているのかサッパリわかっていませんでした。

しばらくのあいだ、周りに合わせて拍手はしたものの、それはたんに〝ノリ〟でやっているだけでした。でも、実はそれが、公募価格15ドルのメディロム株に、19・8ドルという初値(時価総額100億円)がついた瞬間だったのです。私がそれを理解するまでには、さらに時間がかかったのですが。

江口さんはというと、「よしっ！　やった！」と叫び、右の拳を何度も振り上げ、ガッツポーズをしました。

私は、周りの仲間たちと一緒になって思わず涙を流してしまいました。みんなの想いがつまった、ナスダックへの直接上場という快挙の瞬間に立ち会えたことを、ようやく実感した瞬間でもありました。

会社としてIPOを目標に掲げた2015年に入社した私は、それからの5年間、会社としての成長と苦しみをこの目で見てきました。特に2020年10月から、上場するこの日までの3か月間は困難続きで、その中でも12月中旬からの2週間は、毎日がトラブルと事件の連続で、江口さんをはじめIPOチームの皆さんは本当に苦しかったはずです。でも……。

信念を持ってあきらめないで目標を追いかけ続ければ、必ず成果は出る――。

江口さんをはじめ、喜び合うみんなの姿を見つめながら、私はそんなことを考えていました。

会社紹介

著者

八巻誠（やまき・まこと）

株式会社メディロム 広報マネージャー

1992年生まれ。神奈川出身。経営学部卒業。人とじかに関わり、プラスの影響を与えることや幸せにできる仕事と、その仕事を楽しめる環境を探して、2015年に新卒で株式会社メディロムに入社。セラピスト経験を経て、新卒採用チームに異動。その後、広報マネージャーを務める。2019年よりCEOアシスタント室として広報を担当する。

健康管理サービスを目的とした
リラクゼーションスタジオ「Re.Ra.Ku®」

生活習慣の改善を
サポートする
ヘルスケアアプリ
「Lav®」

24時間365日
充電不要の活動量計
「MOTHER Bracelet」

MEDIROM **株式会社メディロム**

設　立：2000年7月
資本金：24億7163万円
（準備金含む、JGAAP基準）
事業内容：スタジオ運営事業／
フランチャイズ事業／
ヘルステック事業／デバイス事業

健康管理サービスを目的とした「Re.Ra.Ku®」を中心に、全国316店舗（2021年10月現在）のリラクゼーションスタジオを展開。予防から医療まで一貫して提供する。ヘルスケア総合商社をビジョンに掲げ、現在3つの事業を展開している。

代表取締役

江口康二（えぐち・こうじ）

1973年生まれ。東京都出身。新卒でベンチャー企業に入社。最年少役員の経験を経て独立へ。2000年に株式会社メディロムを設立。代表取締役を務める。一般社団法人日本リラクゼーション業協会の理事としても活躍しており、業界の地位向上を目指している。2020年12月29日にNASDAQ Capital Marketに新規上場を果たす。日本企業としては21年ぶりのダイレクト上場という快挙を成し遂げ、2021年7月現在、日本法人唯一のナスダック上場となる。

2020年12月29日、米国ナスダック市場に新規上場。21年ぶりのダイレクト上場という快挙を果たした。

同日、お台場のメディロム本社では「ナスダック上場記念ベルセレモニー」と題したパーティが開かれた。

CONTENTS

第2章

第3章

アメリカで上場する企業の広報なのに英語できませんが何か？

第1章

えっ！　うちの会社、ベンチャーだったんですか⁉

社長も会社もフランク それがメディロムの第一印象

社長なのに、すごくフランクな人だなぁ。それに、なんだかアツい……。

それが、私が江口さんに抱いた第一印象でした。

2014年4月、大学4年生になった私は、株式会社リラク（当時）の最初の会社説明会に参加しました。

今ではメディロムの店舗は「Re. Ra. Ku®（リラク）」というブランドを中心に全国300店舗以上展開していますが、当時は関東圏に100店舗ちょっとあるだけで、社員数も現在の3分の1くらいしかいませんでした。

事業も、現在は活動量計「MOTHER Bracelet（マザーブレスレット）」やIT事業のヘルスケアアプリ「Lav®（ラブ）」などがありますが、当時はまだビジョンの段階で、実際にあったのはリラクゼーション事業だけ。私自身、〝リラク＝リラクゼーションサービスの会社〟くらいの知識しかないまま説明会に参加したのでした。

私が驚いたのは、1回目の説明会に、いきなり社長が登場したことでした。他の会社では、採用担当者だけが対応するのが普通だったからです。

入社後に知ったことですが、当時は、江口さん自らすべての採用活動に関わっていたのです。

「皆さん、こんにちは」

爽やかに挨拶した江口さんは、それまでの自身の経歴について説明したあと、こんな話をしました。

「日本は、GDPでは第3位で、何不自由なく過ごすことができ、好きなモノが自由に買える豊かな国です。しかし、現在、日本の若者の死因第1位は自殺です。自ら命を落としている方が年間約3万人います。これは果たして豊かな国なのでしょうか？……僕にはそうは思えません」

（そんなに自殺者がいるんだ……）

「世界で発表されている幸福度ランキングでは日本は43位。経済的に豊かになることを優先してきたばかりに奪い合い、自己中心的な人が増えている。本当の幸福や豊かさとは、人と人がつながり、相手を思いやる気持ちがあることであり、それが大切だと思います。僕はそんな社会を創っていきたい」

江口さんの話を聞いて、素直に共感している自分がいました。ただ利益を追い求めるのではなく、ビジョンや理念を大切にして会社を経営しているのを知って、他の会社とは少し違うなぁと感じたのです。

私は会社説明会を全部で30社ぐらい受けたのですが、その中でも江口さんの話は強く印象に残りました。

グループワークによる選考に続いて受けた人事面談でも、ちょっとした驚きがありました。他の会社の面談には、リクルートスーツをビシッと着て、髪も結んで臨んだのですが、リラクでは「私服で来てください」と指定されたのです。

一対一の人事面談の様子も他とは違いました。それまでは〝ザ・就活生〟みたいな感じで、型にはまった質問に、私も事前に用意していた回答を返していたのですが、リラクでは、雑談のような話が続きました。

担当者は、私がどんな人間なのかをひたすら知ろうとしている感じで、私は私服で髪もおろしていたこともあり、かなり〝素〟の自分をさらけ出していたように思います。

実は私は人見知りの激しい子どもでした。3人きょうだいの長女なのですが、自分から話しかけるのが苦手で、同い年くらいの子の前ではモジモジしてしまい、幼稚園でも先生の後ろに隠れていました。

小学校は1クラスしかなく、6年間クラスメイトが変わらなかったため、人見知りは克服できませんでした。

それが、中学は6クラスもあるマンモス校（?）に入学し、バドミントン部で活動するうちに、人見知りを少しずつ克服し、自分から友だちを作れるようになっていったのでした。

入社したあと、長く働くことを考えた時に、飾った自分を演じるのと、ありのままの自分を出せるのとでは、どちらがいいのか。

答えは、やっぱり自分をさらけ出せる会社のほうがいいし、その意味ではリラクは自分に合っているかもと思いました。

ただ、私が〝飾った自分〟を演じているつもりでも、周りにどう見えていたかはわかりません。

それに、自分で言うのもなんですが、私が〝ポンコツ〟なのは友だちのあいだでも有名で、学生時代には、電車に乗っていて寝ているわけではないのにボーッとして乗り過ごすことがよくありました。また、好きなアーティストのコンサートに行くのに肝心のチケットを忘れてしまったり、何もない道でしょっちゅう転んでは、足にアザを作ったりしていたのでした。

日本の接客は型通り。海外の〝血の通ったサービス〟に憧れる

そもそも、どうして私がリラクを志望したのか。

それは高校時代に社会科見学で結婚式場を訪れたことがきっかけでした。生まれて初めて見る結婚式場は、すごくキラキラしていて、それからブライダル業界に憧れるようになったのです。ダイエットも習い事も長続きしない私ですが、ただひとつの例外が「働く」ことで、学生時代には飲食店を中心にアルバイトを常に3つ掛け持ちして、週4日以上はアルバイトをしていました。親にも不思議がられたのですが、働くことはまったく苦にならず、土日は朝から深夜まで働いていたので、今より長く働いていたと思います（江口さん、スミマセン。笑）。まるでサークルに参加するような気分で楽しんで働いていた気がします。

アルバイトを続けるうちに、私は「接客」や日本ならではの「おもてなし」に自然と興味を抱くようになりました。大学で経営学部を選んだのも、ホスピタリティに関するコースがあったからです。ただ、大学に入っても生活はアルバイト中心で、講義を途中で抜け出すこともありました。考えてみれば、今の仕事に生かせる授業もたくさんあったので、そこはもったいなかったなと思います。

就職活動を始めた時も、まずブライダル業界やホテル業界など、接客業に絞っていろいろな企業の採用試験を受けました。

業種を絞ってみて気づいたのは、事業内容は同じでも、会社によってカラー（社風）やめざす方向性（ビジョン）って違うんだなぁということでした。

そこから、「私は何をしたいんだろう?」と考えた時、結婚式に関わりたいというより、「人を幸せにしたり、ちょっとでもいいから人にプラスの影響を与えたりできたらいいな」という思いが湧いてきたのです。

そのため、私は業種を広げて、〝自分の価値観や考えと合う会社〟という観点で会社を見るようにしました。その時にたまたま就活ナビサイトで見つけたのがリラクで、説明会の日にたまたま他に予定が入っていなかったので、「とりあえず説明だけでも聞いてみようかな……」という軽い気持ちで参加したのでした。

私は就活でもポンコツぶりを発揮していました。

ある企業の10人くらいの集団面接は、挙手制による自己ＰＲだったため、私は張り切って最初に手を挙げました。ところが私は、人見知りは克服したものの、人前で話すのは今でも超がつくほど苦手です。そこに面接という緊張も加わって、まったく言葉が出てきませんでした。

また、圧迫面接を受けた際には、絶対に泣いてはいけないのに面接官の前で号泣してしまいました。ちなみに、その企業の選考には通過したのですが。

さらに、こんな凡ミスもしでかしました。志望先のベスト3に入っていたブライダル会社の説明会で、私は会場を間違えてしまい、遅れて到着すると、担当者に「遅刻した人には選考を受ける資格がありません」と参加を断られてしまったのです。この時は、「まぁ、そうなる運命だったのだ」と自分に言い聞かせたのですが。

仕事選びは、大学時代に出かけた旅行からも大きな影響を受けました。私がアルバイトを一生懸命やっていたのは、アルバイトが楽しかったというのがいちばんの理由ですが、アルバイト代を貯めて海外旅行に行くのも理由になっていました。（海外旅行以外にも当時応援していたHey! Say! JUMPのライブで有岡大貴くんに会うために日本各地を遠征していました。）

その時に感じたのは、日本と外国のサービスの違いです。日本の接客はとてもクオリティが高いといわれるけれど、すべてがマニュアル化されている感じがして、お客様と接客する側との会話があまりない気がしました。

一方、海外はというと、お互いにおしゃべりしたり、時には担当者が何か食べながら接客したりと、適当にやっているイメージはあるものの、心がこもっているというか、血が通ったサービスを提供しているなと感じることが多かったのです。

両者を比べた時、自分が接客するなら、海外で経験したようなサービスをしたいと思いました。

そして、江口さんの話を聞き、採用担当者と言葉を交わすうちに、

（リラクがいちばん自分と合っている）

と心の中で感じるようになったのです。

リラク？　その会社、ホントに大丈夫なの？

とはいえ、私はリラクと並行して、他社の採用試験も受けていました。なぜかというと、私はもともと安定志向が強くて、就職して何年か働いたら結婚して子どもを産んで、私の母のような専業主婦になるのも悪くないなぁと考えていました。そのため、総合職と同時に、定時に帰れる事務職も探していたのです。

やがてリラクの最終選考である代表の江口さんが行う代表選考の日がやってきました。この時も私服で来るように指示されました。

そこには人事担当者も同席していましたが、基本的には江口さんと私の一対一の面談です。

「あなたは友だちのあいだで人気がありますか？」

江口さんはいきなり私にそう質問しました。

（えっ？　何⁉　どういうこと？）

私は内心戸惑いながらも、

「ある……ほうだと思います」

と答えました。今なら「自分でよく言うなぁ」と思います。

でも、なぜそんな質問をしたのか。入社後しばらくして江口さんに聞いたところ、この質問はその人の自己肯定感を知るためのもので、たとえば「あまり人気がないと思います」と答える人は自己肯定感が低く、そういう人は、江口さんいわく、「あまりいい仕事をしない」のだとか。

その後の質問も、学生時代に何を学んだかとか、何を頑張ったかではなく、私の人となりを知るためのものが多く、まるで合コンでの会話のようでした（笑）。

第一印象と同じで、この時も江口さんはやっぱりフランクで、服装もカジュアルでした。人への接し方もカジュアルで、社長という雰囲気を出さずに、1人の人間として社員や学生と向き合うスタンスは、今も変わっていないなと思います。

江口さんとの面談のあとも、私は就活を続けました。ゼミの先生や友だちに、「リラクに決めようと思っている」と話すと、みんなから、「その会社、ホントに大丈夫なの？」と心配されたからです。

でも、最後は自分でリラクに入社すると決めました。決めたのは直感でした（〝心の声〟が『リラクだ！』と叫んでいました）。でも、将来リラクでこれがやりたい、こんな挑戦がしたいという考えは正直ありませんでした。

なんとなく、事務職のような決まりきった仕事より、リラクでの仕事のほうが可能性が広がると感じました。また、江口さんから会社の理念を聞いた時に共感しただけでなく、ビジョンにワクワクしている自分がいました。

ただ、私はリラクという会社について、ある勘違いをしていたようです。それが原因で後々自分が苦しむことになるのです……。

私を成長させてくれた言葉

「心のコンパスに従って」

これは、「東京ディズニーシー」のアトラクション「シンドバッド・ストーリーブック・ヴォヤッジ」のナレーションに登場するフレーズです。

以前、社員全員が参加する新年会で現地を訪れた際に、江口代表がこの言葉を聞いて気に入り、その後、江口さん自身がよく使うようになりました。

確かに、直感で決めたことで後悔することって少ないなと感じます。

誰かに言われたから、とかでなく、正解は、いつでも自分の心の中にあるのだと。

心のコンパスに従って行動することって、大切だと思います。

お客様からの〝チェンジ〟に落ち込むアルバイトと社員の違いも痛感

２０１５年４月。

私は株式会社リラクに入社し、東京・品川にあるリラクゼーションスタジオ（店舗）に配属されました。

リラクでは、総合職として入社した社員も、店舗勤務からスタートします。私は、まず「リラクカレッジ」という研修施設でボディケアやフットケアの技術を学び、接客やおもてなしなどの研修もひと通り受けました。そこで初めて店舗に入り、お客様の施術を担当するようになりました。

接客には多少自信があった私ですが、セラピストの仕事はそれまでのアルバイトとはかなり勝手が違いました。

「君の施術、僕に合わないんだよね。悪いけど他の人と代わってくれない？」

そんなことを、初めの数週間はお客様に言われてしまいました。〝チェンジ〟というシステムは本来存在しないのですが仕方ありません。私はかなり落ち込みましたが、他のスタッフと交代してもらいました。

やっぱり私は頼りなく見えたのでしょう。

（こんな子にボディケアができるのか？）

そんな疑惑の目でお客様に見られているのを感じました。

それでも、定期的に研修を受け、毎日現場を経験することで、スキルは上がっていったと思います。

ただ、当たり前ですが、お客様は一人ひとり身体つきが違いますし、同じお客様でも日によって体調の変化があります。

それに、肩の疲れの原因が肩だけにあるとは限りません。実は腰や頭、目に疲れが溜まり、それが肩の疲れとして出ている可能性もあるので、生活習慣などのヒアリングがかかせません。そのため、コミュニケーションスキルも磨くことが重要でした。

お客様の多くは、通常1時間から1時間半のコースを選ぶので、その時間内で、お客様の身体をほぐす技術だけでなく、接客を通していかにお客様の心をつかむかが大切でした。料金も決して安くはないので、学生の頃のアルバイトとは違う責任を感じました。

アルバイトと社員の違いを痛感することは他にもありました。

店舗には、社員以外にもアルバイトやパートがいて、その多くは女性なのですが、彼女たちが、施術や接客の方法を巡ってぶつかり合うことがありました。やっぱり女性同士ということで、負けたくないというプライドや自分なりのこだわりがあるんですよね……。

それと、私の入社したタイミングで店長が交代したのですが、彼女たちが新店長の前で「前の店長のほうがよかったよね」とあからさまに不満を言うことがあって、私は新人ながら、社員として職場の雰囲気をよくして、スタッフたちをチームとしてまとめる役割を求められました。

どこまでできていたかわからないけれど、店長の右腕として、少ない人数でどう売上を上げようかとか、マネジメントの視点を持つように意識していました。

一方で、セラピストの仕事に対しても魅力を感じるようになっていました。

リラクゼーションスタジオでは、商品が〝モノ〟ではなく〝人〟、つまり私たちセラピストであり、自分たちが接客をすることで、お客様の反応がダイレクトに返ってきます。私は、お客様と心と心で通じ合えることがとても魅力的に感じたのです。

また、お客様の約8割はリピーターで、自分を指名してくれるお客様だけでなく、お店に来られる常連のお客様とも顔見知りになって、それこそ家族や友だちより会う機会が多くなります。仕事であっても、自分のことを気にかけてくれる人が増えていくのは嬉しいことでした。

中でもいちばん嬉しかったのは、初めて女性のお客様に指名されたことです。その方は40代くらいの会社員だったのですが、

「あなたにケアしてもらったら、足の疲れがとれて、体調がよくなったわ」

と言ってくださったのです。

それまでの指名は男性のお客様が多かったのですが、それは接客を評価されたからだと思います。でも、その女性には、自分の施術を評価してもらえた――。

そんな気がして、私はとても嬉しかったのです。

店舗スタッフが次々とインフルに！ やっぱり社会人は健康管理が大切

こうしてようやく指名客が増え始めたのですが、8月になって、私は東京・後楽園にある「ナチュラル ストレッチ」に異動になりました。

店名の通り、そこはストレッチ要素が強い施術が売りで、私は新ブランド立ち上げスタッフとして関わることになったのです。

ナチュラル ストレッチとリラクでは手技もメニューもまったく違うため、私はまた一から手技を学びました。

ストレッチの手技ができるスタッフがいるのはその店舗だけで、私を加えた5人で店舗を運営していました。

ところが、冬になって、〝トラブル〟が起きます。私以外の4人のスタッフのうち3

人がインフルエンザにかかってしまったのです！　残りの1人はアルバイトだったため、他の3人が復帰するまでの1週間、社員である私がほぼ1人でお店の運営をしなければならなくなりました。

（もう……、カオスッ）

私の頭はパニックを起こしていました。

でも、私がやらなければ店舗が立ち行かなくなります。

（しっかりしなきゃ！）

気を取り直した私は、予約してくれているお客様に電話をかけて事情を話し、日時を変更してもらうようお願いしました。あっさり承諾してくださる方がほとんどでしたが、中には「なんでだよ！」と納得せず、その後、二度と来店されなかったお客様もいました。

この期間はリピーターのお客様が減少していき、翌月の売上は落ち込みました。今まで時間をかけて積み上げてきたリピーターだったため、店舗メンバー一同、悔しい思いをしました。

でも、よく考えてみれば、納得しないお客様がいるのも当然です。私たちのサービスは、本来お客様の身体を定期的にメンテナンスし、お客様の健康をサポートしていくもののはずです。だから、定期的なケアが途切れてしまうことはあってはならないことなのです。

この件を経験した私は、信頼を築き上げることは難しいけれど、損ねることは簡単なんだと痛感しました。

そして改めて、健康管理は、社会人としての責任を果たす上でとても大切なのだと感じたのでした。

やっぱり事務職にしておけば……私の中の安定志向が顔を出す

学生生活とは違う社会人生活に悪戦苦闘しながらも、私は仕事に対するやりがいや働くことの楽しさを感じていました。

ただ、一方で悩みも感じ始めていました。それは、学生時代の他の友だちと私の働き方の違いに原因がありました。

彼女たちは、事務職だったり、大手企業に入ったりしたので、みんな土日が休みです。そんな中で、私だけが平日休み。さらに、当時は休みの日を利用して研修を受けられるシステムになっていました。私は技術の課題が山積みだったので、お客様に満足してもらうために、スキルアップとして1年目にたくさんの研修を受けたため、週に2日の休みをとったことはほとんどありませんでした。

そんな自分と友だちを比べてしまって、

「普通に土日に休みの仕事っていいなぁ」

「やっぱり事務職にしておけばよかった？」

という葛藤を感じていたのです。

私は総合職で入社したものの、そもそもキャリアウーマンになりたいという願望はまったくありませんでした。前にも書いたように、数年働いたら、結婚をして、それも、できることなら玉の輿に乗れたら最高だなぁ……と考えていました。今思うと考えが甘かったとしか言いようがないのですが。

そんなふうに、私の中にある安定志向が顔を出してきたため、就活していた頃の「チャレンジしたい」という気持ちはどこかに吹き飛んでしまいました。


安定志向に引っ張られて、私の恋愛観も変化していました。

学生の頃は、純粋に相手が好きだという感情からお付き合いをしていました。でも、この時にお付き合いしていた方とは、好きという感情よりも、相手のステータスや条件に惹かれて付き合っていた気がします。

でも、そんな考えでは、もちろん長続きするわけもなく………。付き合っては別れてということを繰り返し、女友だちからは、

「マコトは男を見る目がないよね」

と言われてしまいました。

その意味では、仕事に対してだけでなく、結婚や恋愛についても、自分が未熟だったと今では感じます。

他の同期はみんな幹部志望 それにひきかえ私は……

この頃、もうひとつ私が悩んでいたことがありました。

それは、他の同期たちとの関係です。

私と同じ総合職採用の同期は、私を含めて12人。女性がちょっとだけ多く、みんなとは研修などで時々顔を合わせていました。

でも、話してみると、なんだか私だけ違う。他のみんなはギラギラしていて、「自分が会社を変えていくんだ！」という熱気にあふれていました。私は、そんな空気に驚きました。それまでの人生で、そういう人たちに出会ったことがなかったからです。

これはあとで知ったのですが、他の同期たちは、ベンチャー企業が多く掲載されている、ちょっと尖った求人サイト経由で応募してきていました。そこには、「ヘルスケア総合商社をめざす」という江口さんのビジョンが書かれていて、みんな将来は幹部をめざしたり、さらには独立起業しようと入社してきていたのです。

それに対して、私がエントリーしたのは大手求人サイトで、会社の紹介文には、「究極の接客業としてリラクのサービスを提供しませんか？」と書かれていました。それを読んだ私は、「ブライダル業界に近いな。合うかも」と共感し、応募していました。

そう、私がしていた勘違いとは、ベンチャー企業だと知らずにリラクに入社したのです。正確に言えば、ベンチャーとは何かも知らなかったので、なぜ、そんな私を採用してくれたのか、いまだに謎なのですが。

当時、会社は急成長フェーズに入っていて、新卒社員もやる気がみなぎっていました。でも、私はそんな会社の状況を知りません。私がギャップを感じるのは当然でした。

そんな感じだったので、同期と交流はあったものの、悩みを相談できる雰囲気ではなく、何かあれば、幼なじみや母に相談していました。

同期のみんなはすごく尊敬できる部分が多くて、何かわからないことがあれば教えてくれたので、同い年ではあるものの、私の中では、宿題を教えてくれるお姉ちゃんのような存在でした。だから、みんな好きなのですが、私が同期たちに馴染むまでには、入社から3、4年はかかったように思います。

また、他の同期たちは、しばしば「上場」という言葉を口にしていました。この頃、すでに江口さんは、近い将来、ナスダック上場をめざすことを公言していて、雑誌などにも関連記事が出ていました。

江口さんが考える上場の目的。それは、リラクゼーション業界の社会に対する認知を広げることであり、セラピスト（私もその1人です）の地位を向上させることです。

また、リラクの「ヘルスケア総合商社をめざす」というビジョンを成し遂げるためには、日本国内だけでなく世界に進出する必要があり、世界的企業になるために、市場規模の大きなナスダック上場に挑戦することを決めたとのことでした。

ただ、正直に言うと、上場という言葉は、新入社員の私の胸にはまったく響いていませんでした。

ナスダックが何なのかも知らなかったですし、同期や先輩たちが「アメリカで上場ってすごいよね」と言うので、私も「そんなにすごいことなんだ」と思った程度でした。

でも、米国上場という会社の目標は、のちに私の人生（大げさかもしれませんが）を左右することになったのです。

同期と受けた代表研修でまさかの優秀賞をゲット！

入社1年目の秋、私は同期たちと一緒に代表の江口さんたちと行う「代表研修」に参加しました。

これは新卒1年目の社員に必須の研修で、リラクでは恒例の行事でした。それまで働いてみて感じた、会社や職場の課題と改善方法を企画書にまとめ、江口さんや役員、各事業部長、それに同期の前で発表するというものです。

「顧客満足度（CS）を上げるためには、従業員満足度（ES）を上げることが必要だなぁ……」

私は店舗で働きながら、そんなことを考えていました。

来店してくれたお客様には、満足してもらい、帰る時には笑顔になってほしい……という気持ちを、私は人一倍持っていた自信があります。

そして、前にも書いたように、リラクの商品は「モノ」ではなく「人」ですから、スタッフ一人ひとりが常に仕事にやりがいを感じ、職場環境に満足していたら自然と顧客満足度も上がるはずだと感じていました。

私が店舗のスタッフを見て感じたのは、やはりセラピストという仕事が好きな人が多いということでした。やりがいも感じているようでしたが、一方で体力を使うハードな仕事であることも確かでした。

多くのベンチャー企業がそうであるように、当時は福利厚生の制度がまだ整っていなくて、先ほども書いたように休日に研修を自ら受けることもありました。

そこで私は、店舗で働くスタッフたちに、「どうすれば自分たちがセラピストという仕事に誇りを持ち、長く働き続けることができて、お客様にもっと満足したサービスを提供できると思いますか？」というアンケートを取り、その結果と改善策を発表することにしました。それに、アルバイトは江口さんや役員と会う機会もほとんどないので、店舗のスタッフが感じていることを私が代表して伝えようと考え、代表研修ではこんな提案をしました。

「ホスピタリティ課を作りましょう」

「その課で、ＣＳとＥＳを同時に推進するようフォーカスしてはどうでしょう？」

私としては、緊張して噛んでしまい、思うように発表できなかったなと感じていました。ところが江口さんからは、意外なことに、

「なるほど。いい提案だね」

とお褒めの言葉をもらい、なんと「最優秀賞」の次の「優秀賞」をいただいてしまったのです。

他の同期たちがどんなテーマで発表したのかは覚えていませんが、みんな代表研修への想いは熱く、発表の日まで入念に準備を進めていたのは確かです。そのような中で私が認めてもらえたのは、たぶん〝視点〟がよかったからなんじゃないかと今は思います。

つまり、課題が1店舗だけでなく、全社に関わることだったということです。それに、計画の実現性が高かったこともよかったのかもしれません。

とにかく、悩みや不安だらけだった私にとって、優秀賞をもらえたのは嬉しかったし、ちょっぴりですが自信がもてる出来事でした。

私を成長させてくれた言葉

「人は幸福な時、
より幸福な選択をし、
不幸な時、
より不幸な選択をする」

これはメディロムのマネジメント研修で出てくるフレーズです。

ポジティブに考えれば物事はよい方向に進む一方、ネガティブにとらえると負のスパイラルに陥るということでしょう。

幸福な選択をすること。

それには、常にポジティブ思考でいることが重要なのかもしれないですね。

ムリです、自信ないです、私にはできません（1回目）

代表研修の数日後、私は江口さんから本社に来るように指示されました。

顔を合わせるなり、江口さんはこう切り出しました。

「代表研修でマコトが発表したプランだけど……」

江口さんは、社員を下の名前やあだ名で呼ぶことが多く、私は「マコト」と呼ばれるようになっていました。ちなみに、社員は「江口さん」「江口代表」と呼んでいて、「社長」と呼ぶ社員は1人もいません。

「あの施策は、全社で実行していかないと会社の改善にならないよね。だから、君自身がそういうポジションについて、全社を見られるようになったらいいんじゃないの？」

私には江口さんが何を言いたいのかわかりませんでした。

「あの、それってどういう……」
「だから、人事のスタッフとして、そういう仕事をしてほしいんだよ」
それを聞いた瞬間、私は「ムリです、自信ないです、私にはできません」と即答していました。内示してくれた上司、それも社長に対して、「ムリです」とよく言えたなと今は思います（笑）。断るにしても、もう少しマシな言い方があったのになぁとは思います。

でも、当時は私なりに断る理由がありました。

セラピストの仕事というのは、やればやるほど奥が深いなと感じていて、プロフェッショナルになるには1年では到底ムリで、せめて3年くらいかけてプロになりたいという気持ちがありました。だから、もう少しセラピストを続けたいというのが理由のひとつでした。

それと、リラクでは、総合職は全員が店長を経験するのが通例になっているため、それをスキップして本社勤務になることに、モヤモヤしたものを感じたのです。

私の答えに、江口さんは苦笑いしつつ、

「そんなこと言わずにやってみようよ。大丈夫、できるよ」

と言ってくださいました。おそらく江口さんも、会社が大きくなるにつれて、福利厚生を見直す必要があることは感じていたのだと思います。

そこに私のような恐れを知らず、無邪気に提案ができる社員が出てきたことで、そういう意識の高い言い出しっぺがやったほうが成果が出ると考えたのでしょう。

その日以降も、私は何度か江口さんに人事への異動を打診されたものの、そのたびに、

「ムリです。だって私、ポンコツですよ」

「ポンコツ？　あんまり聞かないワードだね（笑）」

「そんな大事な仕事、私には務まりません！」

と生意気にも断り続けました。

すると、春になって、今度は採用部門の役付きの方から、「うちに異動になるよ」と告げられました。その方は、とても教育熱心でふだんは優しいのですが、厳しい一面もありました。そのため、江口さんには言えた「ムリです」が、その方には言えず……。

「わかりました。よろしくお願いします」

そう答えた私の顔は、たぶん、ひきつっていたと思います。

第2章

ムリです、私、ポンコツなので、できません!

店長を経験していないのに、なんであの子が……

私のセラピストとしての生活はわずか1年で終わり、私は人事・採用グループの一員として入社2年目のスタートを切りました。

本部に異動すると、予想通り、私は周囲の自分を見る視線が冷たいことに気づきました。

「店長をやっていない八巻がどうして?」

口にこそ出さないものの、内心ではそう思っている人がほとんどだったと思います。

一部の同僚はあからさまで、私が一緒にいる席でこう言いました。

「実力がなくても、本部に行ける子もいるしね」

(それって私のことじゃん……)

そう思いながら、私は黙っていました。きちんと実績を上げて異動になったわけではなかったために、同僚がそう言いたくなる気持ちもわかるなと思ったからです。

実力がないことは、私自身がいちばん理解していたし、未熟なまま異動したため、ビジネススキルも社会人としてのマナーも恥ずかしいほどまったく備わっていませんでした。だから、本部に異動してからの1年がいちばん苦労をしたのですが、苦しんだ分、仕事に対しての意識や責任感は早い段階で変わっていきました。

新しい部署で私に与えられた仕事は新卒採用で、最初の仕事は学生向けの面接説明会のプレゼンターでした。

でも、前にも書いたように、私は人前で話すのが苦手で、人前に立つと手や足が震えて顔が真っ赤になり、上手く話せないのです。それでも、仕事ですからやるしかありません。

また、当時は毎月1回、月初めに全社員が集まって、会社の方針や部署報告、表彰などを行う「社員会」を開催していたのですが、私は自ら志望して、その司会をさせてもらうことになりました。苦手意識があったからこそ、社員が相手なら、人前で話すトレーニングになるし、多少ミスをしても許してもらえるかなと考えたからです。

それと、専門職（セラピスト）志望者向けの1次面接も私が担当しました。

学生にひたすら電話をかけたりもしました。当時、リラクという会社の知名度が今ほど高くなかったため、エントリーしてくれた学生に対し、「ぜひ弊社の説明会に来ていただけませんか？」と営業をかけたのです。

相手が学生だという気安さもあって、私はそうした新しい仕事に徐々に慣れていくと同時に、「人前で話すのが苦手なんて言っていられない」という想いを日に日に強くしていきました。

信頼していた上司や仲間が次々と会社を去っていく

〝事件〟が起きたのは、私が新卒採用になって2か月が過ぎた頃でした。

事業部長たちが次々と退職し、結局すべての事業部長が入れ替わってしまったのです。

たしかに、当時の社内の雰囲気は、今と違ってピリピリしていました。でも、私は異動したばかりだったし、初めての本社勤務ということもあって、

（会社ってこういうところなんだ）

そう思っていました。今考えると鈍感だったと思います。そのため、私自身に危機感はあまりなかったのです。

ところが、各部門を引っ張っていた事業部長たちに続いて、その下にいる先輩社員た

ちも辞めていき、その数が半数以上になったのを知って、さすがの私も「なに、コレ？大丈夫なのかな？」と心配になりました。

私のいる新卒採用グループも激動でした。

先輩の1人はたまたま通常の異動で他部署に移ったのですが、信頼していた上司や仲のよかった先輩が辞めてしまい、春に4人いたメンバーのうち、秋に残ったのは私1人になってしまったのです。

退職者が大量に出てしまった原因。

それは、江口さんがめざしているナスダック上場にありました。

これはあとになっていろいろな人に聞いたことですが、江口さんが上場をめざすことを快く思っていない事業パートナーの1人が、複数の社員を食事に誘っては、根拠のない噂話を吹き込んでいたのです。

「実は、会社の経営状況がよくない。このままだとヤバい」

「俺は会社に金を貸している。それを引き上げたら、この会社は終わりだよ」

また、今でもそうですが、江口さんは社員の話を聞くのが好きで、オフィスに残って仕事をしている社員を見かけると、性別・年齢に関係なく食事に連れ出します。私もたびたびご一緒しているので、江口さんとの会食は社員たちの意見を聞いてもらえる貴重な機会だなと思っていました。

でも、中には「若手を連れ出して食事してる？　それって社長としてどうなの？」と批判的な社員もいました。

また、私は先輩から、

「新規事業にあんなに投資するのはどうなんだろうね。既存のリラクゼーション事業のほうが大事でしょ」

といった不満を聞かされることもありました。それに今思えば、この時期だけ社内に派閥もできていました。

その結果、上司や先輩から聞いた噂を信じ、真実を確かめないまま多くの人が会社を去っていきました。また、この時期、引き抜きも多かったようです。

ただ、この大量退職が原因で、社内外から上がっていた会社の経営に対する不安の声は、翌年以降、毎年過去最高業績を更新し続けたことで次第に聞かれなくなっていきました。

ひとりぼっちになったと思ったら、救世主たちが現れた！

新卒採用チームから次々とメンバーがいなくなってしまったものの、私がひとりぼっちになってしまったわけではありません。

2016年秋、フクダさん、マツナガさん、ヨシオさんという3人の先輩がチームに加わりました。

マネージャーのフクダさんは、中途入社したばかりで、以前はアチーブメント株式会社で青木仁志社長の秘書の他、新卒採用を担当していたスペシャリストです。ちなみに青木社長には、江口さんも若い頃からたびたび助言を受けているそうで、今でも交流があります。

私はフクダさんから、店舗スタッフの目標設定の仕方など、研修メニューについてのアドバイスをいただきました。また、私自身に対しても仕事の進め方や考え方について細かく指導していただきました。

フクダさんからは、人前での話し方のトレーニングも受けました。フクダさんが見ている前で、実際に説明会で使う原稿を読みながら話す練習を何度もしました。ただ、本番になると、また手足が震えてしまったのですが……。

頼りになるお姉さん的存在のマツナガさんは、それまで新人の研修や店舗オペレーションの指導、クレーム対応などを担当していた接客のスペシャリストでした。そのため、この異動については、当初は「私は人事とか採用ってタイプじゃないよ」と辞退したそうです。

でも、フクダさんの「最強チームを作りたい」という意向を受けて、江口さんがマツナガさんを説得したということでした。

マツナガさんは私よりずっと先輩であるものの、新卒採用については私のほうが知識も経験も少しだけあります。そのため、マツナガさんも私を頼ってくれることがあったのですが、私のポンコツぶりが原因でマツナガさんをこんなトラブルに巻き込んでしまったことがありました。

ある時、リラクも出展する就活イベントが池袋で開催され、私はマツナガさんと一緒に参加することになりました。

私は前回のイベントにも参加していたため、会場の場所も知っていました。池袋駅に着くと、私は「こっちです」とドヤ顔でマツナガさんの先に立って歩きました。

「私、池袋あんまり詳しくないんだよね。助かるわぁ」

マツナガさんが笑いながら私に言いました。

ところが、いくら歩いても見覚えのある景色が出てきません。

(ヤバい、おかしい……)

私は焦りながらも、そのまま歩き続けました。でも、ついに気づきました。会場とは正反対の方向に進んでいることに……。

「マツナガさん、すみません!」

私が謝って事情を話すと、

「八巻、またやらかしたねー!　もう勘弁してよー!」

マツナガさんはあきれたような顔で言うと走り出しました。たぶん私にお説教したかったと思いますが、そんな時間はありません。

マツナガさんと私は池袋の街をダッシュしました。なんとか開始には間に合ったものの、登壇したのは私たちが最後で、しかも汗だく。このあと、しばらく私はマツナガさんの顔をまともに見られませんでした。

そして、ヨシオさんは私の1期先輩で、江口さんが8時から開催している「国際渉外勉強会」での優秀な実績を認められ、江口さんのアシスタントについていました。のちにヨシオさんは「ＭＯＴＨＥＲ Ｂｒａｃｅｌｅｔ」の開発責任者や、メディロムがプロデュースした映画『癒しのこころみ～自分を好きになる方法～』のプロデューサーを務めることになります。

でも、この時は、新卒採用にテコ入れが必要だと判断した江口さんから、チームをサポートするように命じられたのでした。

「なんか、立ち上がろうとしてプルプル震えている生まれたばっかりの子鹿みたいだったよね」

当時の私の印象について、つい最近、ヨシオさんはそう話していました。今の私も頼もしいとは言えないけれど、当時の私はもっと頼りなかったということです。

とにかく私にとって3人の先輩は救世主で、3人が新卒採用チームに来てくれなかったら、今の私はないとはっきり言えます。

言いたい、伝えたいのに、それができない自分が悔しい

こうして新たなスタートを切った新卒採用チームでしたが、私の苦しみはまだまだ続いていました。

新卒採用というのはスパンの長いプロジェクトで、入社する約2年前から動き始めます。実は、フクダさんやヨシオさんがチームに加わったのは、２０１８年入社予定の新卒採用の戦略を練るためであり、２０１７年入社の新卒採用は引き続き私が担当していました。

フクダさんやヨシオさんによって採用方針はガラリと変わり、そのための社内の協力体制もできあがっていくのですが、それまでの体制はガタガタでした。

たとえば、私がある部署に採用に関する協力をお願いしても、「それは、そっちの部

署の仕事でしょ?」と嫌がられることが多く、「ああ、今日はちょっと忙しくて難しいなぁ」と断られることもありました。

仕事ですから、本来であれば「いいえ、そこをなんとかお願いします」と言うべきだったとは思います。でも、私はとにかくトラブルや揉め事は避けたい性格です。通っていた地元の中学は〝ヤンチャ〟な人が多くて、その人たちが争うのを見ているうちに自然とそうなってしまったと思うのですが。

そういうわけで、私はそれ以上強くはお願いできず、「ああ、もう、どうしよう」と半ばパニックになって、それこそ毎日のようにトイレの個室にこもっては泣いていました。

言いたいことがあるのに、やっぱり言えない。
伝えたいことがあるのに、うまく伝えられない。
自分ができないのが悔しいし、もどかしい。

あの時、涙を流したのは、そんな理由からだったと思います。

月に一度ある新卒1年目のセラピスト向けの研修にも苦労しました。彼らのフォローも新卒採用チームの担当だったからで、すでに書いたように、2017年採用チームのメンバーは皆いなくなってしまったため、1人だけ残った私が担当することになったのです。

でも、知識も経験もないのに、60～70人、しかも自分と1期しか違わない社員たちを相手に、丸一日8時間の研修を組み立てるのはどう考えてもムリがありました。

（もう……、またカオスッ）

研修の日が近づいてくるたびに、私は心の中でそう叫んでいました。

それでも、私がやらないと研修ができないので、ネットで「社員研修」を検索しまくったり、研修がテーマの本を読みあさっては、メニューを考えていました。

彼らが店舗で同じ時間働いていれば、何百万円という売上になります。そんな人材を一日中拘束して、店舗で生み出すのと同じくらい価値があるものを提供できていたのかどうか……。

それはわかりませんが、いくらベンチャーとはいえ、私は新卒2年目にして、とんでもなく重要な仕事を任せてもらっていたんだなぁと今は思います。


振り返ると、新卒採用チームに異動してからの1年間は、私にとって慣れないことばかりで、しかも一時は頼れる人もいなかったために、とてもつらい時期でした。

けれど、その分、精神的には強くなれた気もします。

つらいなと思っても、

(これがずっと続くわけじゃない。今だけだ)

そう思えば乗り越えられると考えられるようになりました。

それに、ちょっとやそっとのことでは動じなくなり、チャレンジすることを恐れなくなったようにも思います。

私を成長させてくれた言葉

「その苦痛は、やがて必ず空気に変わる」

これも、メディロムのマネジメント研修で出てくるフレーズです。

「苦しいこと、不可能だと思われることでも、やり続ければ、当たり前のようにできることになる」、そんな意味だと私は理解しています。

私は、つらいと思った時に、それまでのつらかった経験とこの言葉を思い出します。すると、「もうちょっと頑張れば……、きっと空気に変わる」そう思えるようになり、ここまで成長してこられました。

先輩に教えられ、採用とは何かを知る ポンコツぶりも全開

私が社会人3年目を迎えた2017年4月。

社内に、新たな人事チームが発足しました。これは、新卒採用を担当するチームと、人事設計や既存社員の研修などを担当する人事チームという2つのチームに分けるというもので、新卒採用は引き続きフクダさん、マツナガさん、ヨシオさん、私という4人が担当することになりました。なお、この年の1月、リラクは、社名を現在の「株式会社メディロム」に変更していました。

この時、フクダさんとヨシオさんによる2018年入社の採用活動が本格的にスタートし、私はそのサポートに回りました。2018年採用に関しては、一から教えてもらう立場になり、新人に逆戻りした気がしました。

そこで私はフクダさんの仕事ぶりに圧倒されました。

たとえば、それまでの採用は、皆専門知識が浅かったために、選考に来てくれた学生に対して会社の概要を説明し、面接では学生の人柄を見極めることに重きを置いていました。

それに対しフクダさんは、会社としてのビジョンや理念を採用方針のトップに掲げ、それを志望する学生に向けて語りかけると同時に、「理念やビジョンに到達するために、あなた方を採用したい」と訴えました。

（同じ採用でも、ここまで違うものなんだ！）

それまでの採用からのあまりの変わりように、私は感動してしまいました。そして、会社自体が大きく変わっていくのを肌で感じました。

私自身もフクダさんに影響を受け、一つひとつの動作、たとえば、うなずき方とか返事の仕方まで真似していました。

同じ働く女性として、フクダさんは憧れの存在でした。

マツナガさんには、ビジネスの基本的な部分を指導してもらいました。

当時、私が書くメールの文章はメチャクチャで（今でも自信はありません）、それが外部に発信するメールである場合、マツナガさんに添削してもらうのですが、ほとんど原型をとどめないほど直されました。

また、私は敬語の使い方がおかしかったり、言葉の意味を間違って覚えたりしていることが多く、それもマツナガさんに直されました。

ある時、社内のミーティングで1人の先輩の発言が長引いたことがありました。発言が終わり、進行役の私が、

「長いお話をありがとうございました」

と言うと、みんながドッと笑いました。今なら、マナーとしてあり得ないのはわかります。でも、当時の私は、事実をそのまま言っただけなのに、なぜみんなが笑うのか不思議でした。

ミーティングのあと、私はマツナガさんに、

「八巻、外部のお客様の前ではあんなこと言わないでよ（苦笑）」

としっかり釘を刺されました。

他にも、先輩ができて気が楽になったのか、私の〝ポンコツぶり〟が際立つようになりました。

とにかく落としものがひどくて、財布、スマホ、定期券など大事なものをしょっちゅうなくしては大騒ぎ。また、オフィスで履いているナースサンダルのまま会社を出てしまい、電車の中で気づくこともありました。

また、これはオフィスがお台場に移ってからの話ですが、私はなぜかひとつ手前の駅で降りて到着が始業時間ギリギリになってしまうことが多く、一時期社内では「天王洲アイルさん」と呼ばれていました。

仕事ってこんなに楽しいものだったんだ！

新卒採用チームに異動してからの私は、常に「とにかく、この仕事をこなさなきゃ」という思いに囚われていました。それは、バリバリ仕事をこなせるわけではないけれど、自分がやらないと採用活動がストップしてしまうという責任を感じていたからで、仕事にしがみついていたように思います。

それが、フクダさんに目標設定をしてもらい、マツナガさんとヨシオさんには働き方や考え方について「せっかくなら楽しくやろうよ」と言われたことで、私自身、大きく変わっていきました。

実際、コミュニケーション能力が高く、楽しいことが大好きなマツナガさんは、どんな仕事も、そう、会議でさえも楽しくしてくれました。

そんな先輩たちに囲まれて働くうちに、「仕事って、こんなに楽しいものだったんだ！」と思い始めたのです。


面談で学生に接する時の気持ちも変わりました。

それまでは、学生と会うのはあくまで採用が目的であり、「面談では、決められたことを言わなきゃ」と考えていました。

でも、この頃から、いろいろな学生の価値観や人生観を聞くうちに、自分自身の価値観についても改めて考えるようになり、

「これでお給料がもらえるんだ」

と喜びを感じるようになりました。それは、セラピストとしてお客様と接するのに似た感覚でした。

ただ、私が学生との面談中、相手の話を聞いて、「メッチャわかるーっ！」と手を叩いて相槌を打った時には、それを見ていたヨシオさんに、

「あの学生、友だちかよ！（笑）　ちゃんと面談しろ」

とあとから突っ込まれてしまったのですが。

会社説明会も、大きく様変わりしました。

企業秘密なので詳しくは書けないのですが、参加した学生の多くはワクワクして、「この会社で働いてみたい！」と感じたと思います。

新しい会社説明会は、フクダさんを中心に新卒採用チームのメンバーが知恵を絞って作り上げたもので、私が、新しいスタイルの説明会を初めて目にした時には、まさに企業が学生と一緒にインターンシップを作り上げていく感じがして、「すごいなぁ」と素直に感動しました。

もし自分に同じようなものが作れるかと聞かれたら、「絶対ムリ」と答えたと思います。そのため、「やっぱり採用の仕事って奥が深いなぁ」と採用の難しさを感じつつも、一方では、

「いつか自分でもできるようになったらいいなぁ」

という想いも抱いたのでした。

ひとり暮らしを始めたことで自立心が芽生えた

フクダさん、マツナガさん、ヨシオさんと仕事をしていくうちに、私は仕事についての目標設定だけでなく、自分の人生においても目標を考えるようになっていました。

私は神奈川の横須賀で生まれ育ち、就職してからも実家に住んでいました。でも、〝社会人になる＝自立すること〟が重要だと考えていたので、ひとり暮らしには憧れを持っていました。

また、実家から本社に通勤するには時間が長すぎるため、仕事に全力で取り組むためにも、もっと会社に近いところに住むべきだと考え、入社3年目の冬、ついにひとり暮らしをスタートさせました。

実家にいる頃は家事をまったくせず、よく母に怒られていた私ですが、いざひとり暮らしを始めてみると全然家事が苦にならず、ウキウキしながら料理や部屋の片付け、洗濯をしている自分がいました。それに気づいた時、

（私って、甘えられない環境にいるほうが成長するんだな）

そう感じました。

ただ、カギをなくして部屋に入れないという事件はたびたび起こしましたが。

ひとり暮らしを始めたことで、仕事の効率も上がったように思います。たぶん、思っていた以上に通勤が私の体力を奪っていたのでしょう。

そして、ひとり暮らしをして何よりよかったと感じるのは、「まずは自分でなんとかする」という考え方にシフトしていったことです。

それまでも社会人として働いてはいましたが、いただいたお給料は自分の好きなことに使い、生活費に関しては両親に甘えていた部分がありました。

でも、ひとり暮らしをするとそういうわけにはいきません。何かが故障した場合でも自分で解決しなければならないし、家計のやりくりもすべて自身で行う必要があります（当たり前ですが）。

そのおかげで、先々のことを考えて行動したり、我慢したりする習慣がつき始めたのです。

そうして感じたのは、「人って、生きているだけでこんなにも消耗するんだ」ということです。

そこから、仕事の成果（利益）にコミットする必要性も、より強く感じることができるようになったと思います。

私を成長させてくれた言葉

「自信がいちばん大事。もっと自分を信じて、自信を持ちなさい」

自己肯定感の低い私が、「私にはムリ、できない」とボヤくたびに、江口さんがかけてくれる言葉です。

この言葉に励まされ、私は今まで挑戦し続けることができました。

私、会社を辞めたいと思っています

2019年4月。

メディロムには、「一般職」の新卒社員が過去最高の69人が入社してきました。この場合の一般職というのは総合職と専門職を合わせた呼び名で、私が新卒採用チームのマネージャーに就任して初めて担当した学生たちでもありました。

でも、その少し前、実は私は江口さんに退職を申し出ていました。

「お話があります」

「何？　辞めたいの？」

改まって話す私の様子を見て、すぐに江口さんはピンと来たようでした。

私が会社を辞めようと思った理由はいくつかあります。

そのひとつは、年明けからの3か月間、採用活動が佳境を迎え、私の疲れもピークに達していたことです。

私は2018年1月新卒採用チーム・チーフとなり、4月には新卒採用チーム・マネージャーとなり私なりに努力を重ねた結果、会社からも認められ成長への期待も込めて、昇格をさせてもらったところでした。

その際にチームに加わった私の1期下のナガオカくんとの新体制で2020年新卒の採用活動を進めていました。

ヨシオさんがサポートについてくれたものの、専任は私とナガオカくんの2人だけで、ピーク時には週に6回（1日2回）の会社説明会をこなしたほか、たびたび地方にも出張していました。そのため、業務量が自分たちのキャパを越えてしまうことがあったのです。

また、当時、新卒採用は売り手市場が年々進んでいて、「なんとか結果を出さなくては」という焦りも感じていました。

（私がマネージャーになったことで、採用が失敗したらどうしよう……）

そんな不安も湧いてきて、常にプレッシャーがありました。

前にも書きましたが、新卒採用は1年半〜2年かかるプロジェクトなので、スタートしたら完了させる責任があります。そのため、

（これをまた次の年次に対してもやるのは、体力的にも精神的にもつらいなぁ）

そんなふうに感じていました。

実は、この時、迷いが出始めたのは私だけでなく、ナガオカくんも人生の岐路に立ち、会社を辞めようかと考えていました。私自身、自分の仕事で手一杯で、ナガオカくんのマネジメントにまで手が回らなかった面もあると思います。

そして、私が会社を辞めようと思ったいちばんの理由。

それは自分の将来に対する不安でした。

学生の頃の友だちは1人また1人と結婚していき、ママになっていました。それに比べ、私は仕事一色の生活で、休みの日でも、ふと気がつくと仕事のことを考えていました。

「すごいね、マコト、まだ会社で働いてるんだ」

友だちは、そう言って感心してくれましたが、私は彼女たちにマネージャーに昇格し

たことを言い出せずにいました。

とはいえ、この時の私は、結婚願望が強かったわけではありません。とにかく仕事中心の生活を変えたかったのです。

（私は、それほど能力が高くない。このままあと何年か勤めて30歳を過ぎてしまったら、転職先を見つけるのは難しいかもしれない。それに、いつ景気が悪くなって、また買い手市場になるかわからない。だったら、20代の今のうちに動いたほうがいいんじゃないか……）

そう考えた私は、思い悩んだ末に、「2020年入社組の採用活動が一段落する冬になったら会社を辞めたい」と江口さんに申し出たのです。

ほんの数年前まで仕事が楽しいと言っていたのに、仕事に慣れたと思ったら辞めたいと言う。本当に自分でもわがままだなと思います。

でも、江口さんは黙って私の話を聞いてくれました。そして、私の決意が固いとわかると、

「そうかぁ、わかった。次のところでも頑張れよ。マコトが成長することが大事だからな」

と受け入れてくれたのです。
その日の夜、会社を辞める寂しさと、入社してからのいくつもの思い出がよみがえり、
私は泣いてしまいました。

やっぱり辞めるのをやめようかと迷い始める私

江口さんに会社を辞めたいと言った私ですが、その後、気持ちは徐々に変化していきました。

きっかけは、メディロムがナスダック上場に本腰を入れ始めたことでした。

ＩＴベンチャー企業が多く上場しているナスダックでは、２０１０年代の半ば以降、ヘルスケアのブームが起きていて、ヘルスケア企業が多く上場しています。そこにメディロムが加わることで、事業のバリエーションがつけやすくなるという効果が期待できるとのことでした。

あとから江口さんに教えてもらったことですが、メディロムはそれ以前に国内の株式市場への上場をめざしたことがありました。

最初は、リラクゼーションという言葉も一般的ではなく、正式な産業として認められず、上場も承認されなかったとのことでした。そこで江口さんたちは業界団体を立ち上げ、リラクゼーション業界内のルールを設けるとともに、業界で働く人々のための保障制度を充実させました。

その結果、リラクゼーション業は厚生労働省の「職業分類」や総務省の「産業分類」に加えられます。つまり、セラピストがれっきとした職業として認めてもらえたのです。そこで今度は経済産業省に対し、上場のためのサポートをしてもらえるよう働きかけを続けたものの、上場が承認されるまでにどれだけ時間がかかるかわからず、断念せざるを得なかったそうです。

それに対してアメリカでは、ビジネスが合法で、コンプライアンスがしっかりしていれば、業種に関係なくどんな企業も上場が可能なのだそうです。

ただ、上場を決断しても、実現するのはそう簡単ではありません。2017年、メディロムでは密かに上場の準備を始めていました。プロジェクト名にナスダックとつけるのはマズいという理由から、「ホノルル・プロジェクト」と名付けたそうです。

ところが、前にも書いたように、前年に社員が大量に退職したことが尾を引き、社内外から「こんな状況で上場でもないだろう」という反発の声が上がり、事業に専念することになったとのことでした。

でも、もちろんそれであきらめる江口さんではありません。

2017年から毎年過去最高業績を更新し続け、2019年、今度は「ハートビート・プロジェクト」と名付け、再びナスダック上場のための下準備を始めます。私が退職を申し出たのは、そのプロジェクトをスタートさせようとしていた時期でした。

あとから知ったことですが、日本の株式市場を経ずに、ナスダックに直接上場する日本企業は、20年以上出ていませんでした。チャレンジとしてはこれ以上ない大きなものであったことも、江口さんの背中を押したのではないかと思います。

会社を辞めたいと言ったあとも、江口さんは時々私をランチに誘ってくれました。そして、そのたびにこう言いました。

「ヘルスケア産業は最後に残されたフロンティアだと思う」

「アメリカ上場をめざせば、メディロムは間違いなくもう一段上のステージに行ける」

「もしまだ退職を迷っているなら、それまで一緒に頑張ってみないか?」

口調はあまり強くはなかったけれど、私は心を揺さぶられました。そして、
（ここで会社を辞めてしまうと、いつか後悔するかも……）
そう思い始めていました。

江口さんのビジョンを聞くうちに〝私が会社を語るんだ〟という意識が

江口さんを中心にナスダック上場をめざす社内の雰囲気を肌で感じ、私の意識も変わっていきました。

採用方針を、理念やビジョンに基づくものに変えてからというもの、私自身、採用担当の責任者として、学生や外部に対し、理念やビジョンをアウトプットする機会が増えていきました。

また、かつてメディィロムの採用活動のひとつに、江口さんによる「トップライブ」がありました。これは、江口さんが会社の代表として、メディィロムを志望する学生に向けて開催していた説明会で、そこでは、将来の事業展開の他に、ナスダック上場をめざす狙いが話題になりました。

私たち採用チームのメンバーも、毎回それを聞くことになったのですが、江口さんが、特にナスダック上場についてアツく語る話は、私が何度聞いてもワクワクしました。

そんなふうに、会社のビジョンや理念をインプットし、それを今度は学生に向けてアウトプットしているうちに、いつしかそれが他人事から自分事に変わっていったのでした。

6月になって、また後輩が1人チームに加わったことも、私の気持ちに大きな影響を与えました。

私は、退職を申し出た際に、後輩をチームに加えてほしいと会社にお願いしました。それは、業務が多すぎることに加えて、新卒採用ができる後輩を育ててから辞めたいという気持ちからでした。

会社は、そんな私の要望を受け入れてくれて、社内で公募をかけました。それに合格し、店舗から異動してきたのがツカノくんでした。

ナガオカくんとは年がひとつしか変わらず、私自身も未熟だったこともあって、「一緒に成長していこう」という関係でした。

それに対し、２０１８年入社のツカノくんは、彼が学生の頃から知っていたし、自分が採用に関わっていたために、「しっかり育てないといけない」という気持ちがありました。

ツカノくんは、おしゃべりが好きで、異動してきた当初から私たちを面白い話で楽しませてくれました。また、観察能力に長けているため、社員のモノマネでも私たちを笑わせてくれます。

彼が来たことでチームの空気だけでなく、私の気持ちもガラッと変わりました。ツカノくんが少しずつ仕事を覚え、任せられるようになっていくと、なんだか私は気が楽になっていきました。

それと同時に、

（私も変わらなきゃいけない）

という気持ちが芽生えていました。

自分たちが意見を出すことで、会社が変わったことも大きかったように思います。たとえば、年間の休日日数が増え、リフレッシュ休暇などの制度ができたのは、優秀な学生を採るためではあったものの、新卒採用チームから企画提案をして実現したものでした。

そうしたいろいろなことが重なり、夏になって、私は江口さんに言いました。

「もう少しメディロムで頑張ってみようと思います！」

ただ、それをどこで言ったのか、そして、江口さんがなんと答えたのか、私はまったく覚えていません。すごく肝心なことなのに……（江口さん、ゴメンナサイッ！）。

でも、「この会社でもっと成長したい」と思い、「仕事を楽しもう」と改めて決意したことははっきり覚えています。

人生でいちばん嬉しかったチームワーク賞の受賞

前にも書いたハートビート・プロジェクトは、2019年秋頃に私の知らないところで（当然ですが）スタートしていました。

そして10月には、第三者割当増資（会社の資金調達方法のひとつ。株主であるかどうかにかかわらず、特定の第三者に新たに発行した株式を引き受ける権利を与えて行う増資）によって、メディロムは新たに7億円の資金を調達しました。これによって、会社は「セラナビ」「MOTHER Bracelet」などの新規事業への投資を増やし、さらに業績を伸ばすことをめざすことになりました。

私自身にもちょっとした変化がありました。

11月になって、広報との兼任の辞令が出たのです。

これは、新卒採用の仕事に行きづまっていた私への配慮もあったと思います。あのまま新卒採用だけを続けていたら、私はまた辞めたいと言い出していたかもしれません。

実は、この時、社内には広報チームがありませんでした。２０１６年に大量の退職者が出た時に広報担当者も辞めてしまい、江口さんが「当面は広報はいなくても大丈夫だろう」と判断したからです。でも、上場をめざす上で、やはり広報は重要だということになり、復活したのです。

ただし、この時も、私は前向きだったわけではありませんでした。

「いちばん広報に向いていない私がやっていいのかわかりませんが……」

広報兼任の辞令が出た直後の社員会で挨拶に立った私は、ついこう言ってしまいました。私の中の弱気の虫が顔を出してしまったのですが、この時は直後に江口さんに呼び出され、

「なんでみんなの前であんなこと言うんだよ。大丈夫。マコトならできるから」

と励ましてもらいました。本当に世話の焼ける社員だと思います。

こうして広報を兼務することになった私でしたが、広報は私１人しかいません。はじ

めに行ったのは、社外広報ではなく社内広報でした。YouTubeで「moreチャンネル」を作り、企画や取材を担当したのです。

社員数が増えるにつれ、社員の意識統一が難しくなっているのを感じていた私は、同じ年の5月にmoreプロジェクトを立ち上げ、江口さんや社員にインタビューをして会社の情報を全社に伝えるようにしていました。私が広報を兼任することになったのは、その活動が認められたからという側面もありました。

「moreチャンネル」は、新しい社内文化を作ったということで、翌年の「社長賞」をいただくことができました。

でも、それより私が嬉しかったのは、同じ年に新卒採用チームとして受賞した「チームワーク賞」でした。

2020年採用は、それまでいちばんの売り手市場ではあったものの、私たちとしては学生の質にこだわりつつ、コストもシビアに考えていました。たとえば、採用媒体への掲載料を下げてもらうよう交渉したり、出展するイベントもよく検討して、マッチしているイベントは続ける一方、採用につながらないイベントは出展を取りやめたりしました。そのため、チームの他のメンバーからは「八巻さん、ケチですね」と言われてしまったのですが、これはマネージャーとしては当然でした。

メディロムの1店舗のひと月の売上はだいたい決まっていて、それを達成するために、スタッフはお客様に10分でも施術時間を追加してもらおうと努力します。

それを考えると、1回のイベントで50万円、100万円という金額を簡単に払う気にはなれず、削れるところは削ろうと思ったのです。

そうしたコストカットの結果、採用単価としては過去最高（つまり、もっとも少ない額）を達成でき、採用人数も、超売り手市場にもかかわらず、前年の69人を上回る74人の採用に成功したのです。

退職しようかと悩んでいたナガオカくんも辞めるのをやめ、一緒に頑張ってくれることになったのも大きかったように思います（ちなみに2021年の新卒採用は106人と、さらに過去最高記録を更新することができました）。

繰り返しますが、新卒採用はチームワークがよくないと成果が出ません。私が人生の中でこの賞の受賞がいちばん嬉しかったのは、チームとして機能したことが認められたからなのです。

後輩を育成することで私自身の集中力が上がった

年が明けて2020年1月、さらに新メンバーが1人、新卒採用チームに合流しました。それが、ツカノくんと同期のハシモトさんで、彼女もまた私が採用を担当した1人でした。私にとってハシモトさんは、同じ部署では初めての女性の後輩でもあります。

ハシモトさんは、私と違って要領がよく、仕事を覚えるのがとても早い印象でした。それに、管理栄養士の資格を持っているので、私がオフィスで好物のコンビニのスナック類を頬張っていると、「八巻さん、ちゃんと栄養を摂ってます?」と私の身体を心配してくれます。

ただ、ハシモトさんは明るく社交的なタイプではあるものの、新卒採用チームに異動した当初は、私と同じように、人前でプレゼンをすることや学生と面談することに苦手意識を持っていました。

（異動したての頃は、誰でも戸惑ったり、緊張するんだよなぁ）

ハシモトさんを見て、私は自分が新卒採用チームに異動してきた頃を思い出しました。

私自身、仕事に慣れるのが遅く、人前で話すことへの苦手意識があったため、ハシモトさんの気持ちはよくわかりました。

彼女とは、プライベートでもすぐに仲よくなったものの、仕事面では少し厳しく、なおかつ愛情を持ってサポートしていきました。

その結果、ハシモトさんは半年で大きく成長し、プレゼンも面談もそつなくこなし、新卒採用チームの頼れるマルチプレイヤーとなってくれました。

そのため、私は安心して広報の業務にも集中して取り組むことができるようになったのです。

ところが、まもなくメディロムにも、新型コロナウイルスが暗い影を落とすことになりました。

メディロムには若い社員がたくさんいますが、ふだんは明るくて元気な彼らが、どんどん暗くなり、社内の空気も重くなっていきました。

私は、広報として社内の不安をやわらげようと、それまでできていなかった各部署を紹介する動画や、「コロナに負けずに頑張りましょう！」という江口さんのメッセージを込めたムービーを作って発信しました。

それにどれだけの効果があったかはわかりません。けれど、少しあとになってマツナガさんから、「八巻、ありがとね。みんなを引っ張ってくれて」と言われた時には本当に嬉しい気持ちになりました。

その後、5月下旬に首都圏の緊急事態宣言が解除され、全国の店舗で通常営業ができるようになると、社内も徐々に明るさを取り戻していきました。

ムリです、自信ないです、私にはできません（2回目）

5月に入ってまもないある日のこと。

私は江口さんから執務室に来るように言われました。

「役員会は上場をめざすことで一致した。対外的な発信も増えるし、マコト、これからは広報をメインに頑張ってくれないかな。そこで広報マネージャーになってほしい」

開口一番、江口さんはそう言いました。

「ムリです、自信ありません。私にはできそうにないです」

私の口からは、お決まりのネガティブフレーズが反射的に飛び出しました。またまた社長に対して、失礼すぎる発言です。退職するのをやめることを認めてもらい、さらに重要なポジションを任せようと言ってくれているのに、この返事はあり得ない。

でも、私には不安しかなかったのです。

社内広報であれば、相手は社員ですから、採用活動の延長でなんとかなります。でも、社外相手となると、学生のようにフランクに話せる相手ばかりではないし、何より人前で話すのが苦痛で仕方ありません。

それに、今でもそうなのですが、私には「キャリアアップしたい！」という気持ちが芽生えないのです。会社に貢献したい気持ちはもちろんあるし、お給料もできればアップさせたいのですが……。

「江口さん、私がポンコツなのを知ってますよね？　広報なんて対外的に重要な仕事が務まるとは思えません」

「また出たな、得意のポンコツワード（苦笑）」

この時は、江口さんとの話はそれで終わりました。でも、今度はマツナガさんから、「八巻、ちょっといい？」と声をかけられました。その顔は少しおかんむりのように見えました。

実は、江口さんはマツナガさんに「やっぱり広報が必要だ。それでマコトに広報を専任でやらせたいがどう思う？」と相談していました。

それに対しマッナガさんは、「いいと思います」と私を推してくれたそうです。そして、「1人広報なので、マネージャーにして裁量権を与えたほうが、仕事を進めやすいのではないでしょうか？」とも言ってくれていました。

私はそうとも知らずに江口さんからの打診を断ってしまったのです。

「でも、私にはやっぱりムリです」

改めて、自分に広報マネージャーは務まらないと答えた私に、マツナガさんはこう言いました。

「ムリなのはわかったわ。でも、いつも江口さんをはじめ、皆さんにお世話になって感謝してるって言うよね？　その恩返しは、任された仕事を、プレッシャーも全部飲み込んでやりきることなんじゃないのかな」

「……はい」

口ではムリと言いながら、私は、広報という会社の重要な役割を任せようと考えてくださった役員の皆さんやマツナガさんに感謝の気持ちでいっぱいでした。

メディロムに入社してから経験させてもらったことを振り返ると、私にとってはそのすべてが無謀なチャレンジでした。

セラピストになることも、新卒を採用することも……。

でも、その時々で一生懸命にやり続けたことで、結果は残してきました。

「自信がない」と言いつつも、〝なんとかなる〟と思えるようになった自分もいました。

それでも、「やります‼」と自信を持って口にできない……。

そんな私の悩みと複雑な思いをくみ取ってくれたのか、マツナガさんは、

「八巻なら大丈夫。できるよ。江口さんには『八巻はマネージャーをやります』と私から伝えておくからね」

と後押しをしてくれました。

こうして私の広報マネージャー就任が決まりました。

私を成長させてくれた言葉

「辞める勇気と続ける勇気、断る勇気と挑戦する勇気。どっちを選択する？」

私はいつも、それぞれ後者を選択してきました。

それは「辞めたい」「ムリです！」と口にはできていたものの、本当の意味では、辞める勇気と断る勇気がなかったからです（笑）。

でも私は、任せてもらったら、何に対しても、〝やり切る〟〝挑戦する〟という選択をしてきました。

それが、結果としてよかったと思っています。

〝絶対これがやりたい‼〟というものがなかった私には、継続してきたからこそ、見えてくる世界がありました。

第3章

アメリカで上場する企業の広報なのに英語できませんが何か？

超がつくほどのピンチだからこそ、守るのではなく攻める

「いよいよナスダックに上場できるらしい」

「時期は今年（２０２０年）の10月末から11月上旬……」

そんな話を聞いたのは、私が広報マネージャーになって3か月が過ぎた8月のある日のことでした。

この年の春、それまでＣＦＯ（最高財務責任者）の藤原さん、ウメサキさん、ボビーという3人で構成していたＩＰＯチームに、新たにシゲマツさんとマチダさんが加わりました。

2人は以前、外資系のＣＦＯをされたり、上場企業のＩＲ（企業が、株主や投資家向けに行う広報活動）を経験されたりした経歴の持ち主で、4月から5月にかけての緊急

事態宣言期間中も、ナスダック上場のためのチームミーティングをたびたび行っていました。

それを、私は間近で「本当に始まるんだ」とドキドキしながら見ていたのですが、上場がついに現実のものとなって近づいてきたのです。

でも、新型コロナウイルスの影響で、会社の経営状態が悪化しているのは、私にもわかっていました。春に緊急事態宣言が出されたことで全国のすべての店舗が休業し、売上が一時ゼロになったからです。

では、なぜそんな超がつくほどのピンチなのに、会社はナスダック上場という大きなチャレンジに懸けたのか。

「ダメな企業というのは、不況という〝嵐〟が来ると小さな節約から始めるんだ」

これは、あとになって江口さんが私に話してくれたことです。

江口さんによると、メディロムのような会社の場合、経営が悪化すると、普通はリストラ（人員整理）をしたり、事業規模を縮小したり、新規事業をストップしたりするのがセオリーなのだそうです。そうやって、現金が出ていくのを食い止めて、会社を取り巻く状況がよくなるのを待つのが基本なのだと。

ところが……。

「僕が20年会社を経営してきた経験から言うと、そういう会社が、嵐が去ったあと復活することは稀なんだよね」

江口さんは私に解説してくれたあと、こう続けました。

「だから、今、メディロムは、守るのではなく攻めに転じる」

事実、コロナ禍にあってもメディロムは攻め続けていました。

店舗の売上が激減しても、従業員を1人もリストラせず、さらには、すべての従業員にそれまでと同様の給料を払いました。コロナの影響で閉鎖した店舗もゼロです。

ただし、それだと当然出ていくお金のほうが多くなり、そのままでは会社は立ち行かなくなってしまいます。

「もう後ろの扉は閉まってしまったんだよ。だから、前に進むしかない」

江口さんはそんな言い方で、会社が苦しい今、あえてナスダック上場をめざす理由を話してくれたのでした。

えっ、私がやるんですか⁉
英語1ミリもしゃべれないのに？

アメリカで上場するにあたり、私たち広報チームに与えられた役割のひとつは、「ベルセレモニー」について、ナスダック側と打ち合わせをして詳細を決めることでした。

ベルセレモニーというのは、名前の通りナスダックに上場する企業がベルを鳴らしてみんなで上場を祝うものです。本来であれば、江口さんをはじめ役員や社員がアメリカ・ニューヨークのタイムズスクエアにあるナスダック本社を訪れ現地で行うのですが、コロナ禍でアメリカに行くこと自体が難しいため、日本とアメリカを結んでバーチャルでやることが決まったとのことでした。

私は、ヨシオさんやダイムくんと一緒にナスダック上場に関するＰＲチームのメンバーになっていました。

ミーティングでは、バーチャルセレモニーについて、先方から「こういう会場で無地の背景で動画を撮影してください」という細かな指定がありました。それに対し、江口さんやヨシオさん、ダイムくんたちは「こんな会場で撮影したい」「もっとバーチャルでも盛大にセレモニーがしたい」といろいろなアイディアを出しました。私はそれを聞きながら、ＰＣに記録していました。

「今日の話をまとめたので、ナスダックの担当者に英語で返信をお願いしていいですか？」

私はそうヨシオさんにお願いしました。ヨシオさんは学生時代に海外留学経験があり、英語がペラペラ。だから深く考えずに頼んだのです。ところが……。

「自分でやりなよ」

「えー、ムリですよ、私、英語わかりません」

「ダメ、自分でやって。これを使ってなんとかするんだ」

そう言ってヨシオさんが教えてくれたのが、無料の機械翻訳アプリ「ＤｅｅｐＬ翻訳」でした。

さっそく使ってみると、めちゃめちゃ簡単で、先方からの英文をコピペすると日本語に翻訳してくれて、言っていることがだいたいわかります。こちらから返信したい時には、日本語で書けば〝それらしい〟英語にしてくれます。英語がまったくできない私が言うのもおかしいけれど、まったくコツはいらなくて簡単でした。

聞いてみると、ヨシオさんをはじめ英語を話せるメンバーも、ＤｅｅｐＬ翻訳を使って英語で返信する時間を短縮していることがわかりました。

それを知って私は気が楽になり、それから年末までのあいだＤｅｅｐＬ翻訳が大活躍してくれました。

（このアプリがなかったら、どうなっていたんだろう）

そう考えると、今でもゾッとしてしまいます。

なにしろ英語がわからないので、上手く翻訳できたのかどうかもわかりません。ネイティブの人からしたら、「?･?･?･」という変な英語はたぶんあったんじゃないかと思います。

大事なことを見落とし、ボーダイな時間をムダにする

そういえば、ナスダック側とのやりとりではこんな失敗をしてしまいました。

動画に出演する際に、江口さんや役員、社員が着るTシャツを作ろうということになり、どんなデザインにするか、江口さんやPRチーム、それにデザイナーも加わって打ち合わせをしました。

シャツには当然ナスダックのロゴを入れたいよね、という話になったのですが、ロゴの使い方についてのルールがわかりません。そのため、私がナスダック側に確認を取ることになったのです。

私は、それまでと同じようにＤｅｅｐＬ翻訳を使って、ロゴの使い方について質問を

しました。たとえば、メディロムのロゴとナスダックのロゴを一緒に使っていいのか、その場合、ナスダックロゴの大きさや位置に決まりはあるのかといったことです。

ところが、先方から来た英文を翻訳してみても、答えがわかりません。同じようなやりとりを何度も繰り返したのですが、それでもわからない。たぶん相手も、「なぜ何度も同じことを聞いてくるの？」と首をかしげていたでしょう。

今思えば、できない英語で、デザインに関する話を言葉だけでやりとりすること自体にムリがあって、絵を描いて、それを見せればすぐに解決したかもしれません。でも、当時はやりとりに必死でそんなことは思いつきませんでした。

（どうしよう、全然わからない）

締切がどんどん近づいてきて、私の頭は大パニックに陥りました。

「ヨシオさん、すみません、わかりません」

ついに私は自分で確認することをあきらめ、そう報告しました。

私は、ヨシオさんから言われて、ロゴの件でナスダックとやりとりしたすべてのメールをヨシオさんに見せました。

結果から言うと、この問題はその後たったの数分で解決しました。

なんと、ナスダックから最初に来たメールに、ロゴの使い方の規定に関する書類が添付されていたのです！　メールの本文にも、この規定に沿ってロゴを使ってくださいと書いてありました。

つまり、私が大事な情報を見落としていたわけで……。

「これに全部書いてあるじゃないか。今までの時間はなんだったんだよ……」

ヨシオさんがあきれた顔で言い、私はひたすら謝るだけでした。

ロゴに関してわかったのは、〝Nasdaq Listed〟というロゴを、メディロムの社名の横や下に併記するのはOK、けれど、〝Nasdaq〟というコーポレートロゴをそのまま使うのはNGということでした。

実は、ロゴの使い方がわかる前にTシャツをいくつか試作したのですが、その中の1枚には、胸のあたりに〝Nasdaq〟というロゴをしっかり使ってしまい……。

そのTシャツは人目に触れることなく、お蔵入りしてしまったのでした。

社員の意識統一を図る〝理念ブック〟が半年をかけてついに完成

広報の仕事をメインでするようになってから、会社に貢献できることは何かを考えていました。

11月に入って、目に見える成果を上げることができました。半年前に作り始めた「理念ブック」がついに完成したのです。

それまでもメディロムでは、会社の理念やビジョンを発信していたものの、明文化されていませんでした。そのため、従業員によって解釈や理解度に差が生まれ、課題になっていました。それが、2020年春に緊急事態宣言が出され、時間にゆとりができたことで、江口さんと相談した結果、理念ブックにしてまとめることになったのです。

私は、それまで新卒採用をずっと担当していて、江口さんの間近でビジョンや理念を聞いて、それを新卒社員に伝えるという役割を経験しました。そのため私自身、数多くいる社員の中でも、会社の理念とビジョンの重要性は感じていましたし、社員が意識統一をしていく上で企業理念の浸透が必要だと感じていました。広報を兼任することになった時にも、たんに社外に対してPRするというよりは、社員のモチベーションアップや、社内の一体感を生み出せるような広報をしたいと強く感じていました。そんな私にとって、理念ブックを作るのは、まさにやりたい仕事でした。

メディロムにとって「理念」とは、会社の土台と言えるもので、木にたとえると「根っこ」にあたります。ここがしっかりしていないと、会社としての方向性が定まらずに迷走してしまいます。ブックを作る目的は、それをわかりやすく見せることでした。

ブック作りは、もちろん私1人では難しかったため、ダイムくんやヨシオさんのサポートを受けながら進めました。その際に私が大事にしたのは、会社の理念を伝えるだけでなく、なぜ現場が大事なのかということをブックに盛り込むことでした。そうすることで、新卒社員が働く上で悩んだり迷ったりした時に、後押しになったり、離職防止につながるんじゃないかと考えたのですが、その点は実際に役立ったと感じています。

一方、「ビジョン」は、企業活動を通して成し遂げたいものであり、木で言えば「葉」になります。メディロムでは、理念とビジョンの関係を「理念という強い根を張り、ビジョンという大きな葉を伸ばす」と表現していて、ヘルスケアという木が大きくなることで、会社がめざす「ヘルスケア革命」を実現できます。

実は、ビジョンについて解説したブックも、理念ブックとほぼ同時に作り始めました。ただ、こちらはより難しいテーマであるため、何度も江口さんに相談し、そのたびに修正を加え、完成は年明けになりました。

メディロムの場合、事業が増えてきて、それに伴って社員も多くなっているので、事業によって想いがバラバラになりがちです。けれど、実は一つひとつの事業というのは、会社として大きな意味があるんだよ、そして、つながっているんだよ、さらに、今やっていることがこの先こんなことに結びつくんだよということを示すのが、ビジョンブックの役割です。

ひと足先に理念ブックが完成すると、私は広報としてできるだけ早く、理念が社内に浸透するようにと、江口さんと相談し、半年に一度開催する総会に合わせて、全社員に理念についての研修を受けてもらうことにしました。

研修後、理念に関するアンケートを取ったのですが、社員たちからの回答を読むと、「目標とか目的を見失いがちだったけど、改めて会社の理念って重要なんだなと気づいた」などと書かれていました。

理念やビジョンが浸透し、定着するまでには時間がかかるでしょうが、２つのブックを作ってすごくよかったなと思ったし、これからも、新卒を中心に社員の役に立ってくれればいいなと思います。

新聞記事の誤りが発覚！ 広報として責任を感じる

11月上旬にはできると聞かされていたナスダックへの上場でしたが、手続きが思うように進んでいないようで、11月中旬になっても確定したという話は聞こえてきませんでした。

手続きの遅れが深刻になっていた原因。それは、何か進めようとするたびに、「前例がない」という壁がいくつも立ちはだかったことでした。

メディロムがアメリカ国内で株式を取引するためには、米国証券取り扱い銀行を通す必要があります。そして、日本からアメリカに送金するには、日本の法律である外為法（外国為替及び外国貿易法）に関する申請書類を、その銀行から金融庁に提出する必要があるとのことでした。

しかし、送金先のアメリカの銀行には、そもそも申請書類を提出した〝前例がない〟ために、それを銀行内で決済する仕組みが存在しませんでした。

また、メディロムはナスダックに直接上場することをめざしているものの、日本国内の投資家にも投資してもらえればそれに越したことはありません。

ところが、ＩＰＯチームが国内の証券各社に株の引き受けをお願いすると、やはり〝前例がない〟からできないと断られ続けました。

チームの皆さんは必死に交渉に駆け回ってくれたのですが、証券会社に、

「では、どうすれば引き受けていただけるのですか？」

と聞くと、「前例ができた時」と返答されたそうです。

なんだか禅問答のような話ですが、結局私たちの持株会でお世話になっているＳＭＢＣ日興証券が最初に手を挙げてくれたのです。

それでも11月下旬になって、アメリカ側では、上場に必要な監査に関する情報をＳＥＣ（米国証券取引委員会）に提出する手続きが完了しました。この情報は「パブリックファイリング」といわれるもので、これがすめばほぼ上場が確定すると聞いて、私はい

よいよナスダックに上場するんだという実感が湧いてきました。

でも、ＰＲチームとして、ＳＥＣ申請完了のニュースをリリースしてひと息ついたのも束の間、ＩＰＯチームから、

「これ！　どうなってるの⁉」

とお叱りの連絡が入りました。

指摘を受けて、リリースを報じてくれた、とある全国紙のネット記事を確認した私は大きなショックを受けました。

なぜかというと、ナスダックで、メディロムの株の銘柄を識別するための記号である「ティッカーシンボル」が、「〝チッカー〟シンボル」と表記されていたからです。

しかも、メディロムのティッカーシンボル自体も間違っていて、正しくは「ＭＲＭ」なのですが、記事では「ＭＲＤ」となっていました。

さらには会社の売上高も違っていました。メディロムは、経営統合をしてグループになっていたので、本来であればグループ連結での売上高を公表すべきだったのですが、記事ではメディロム単体の売上高が記載されていたのです。単体では約18億円ですが、連結だと約39億円なので倍近い開きがあります。

「これはマズいよ。至急、訂正の依頼をして‼」

「はいっ、すぐに連絡をします！」

ＩＰＯチームから指示を受けた私は、すぐに新聞社に連絡を取ってネット版の記事を訂正してもらいました。

上場に関する新聞記事の誤りは、このあとにもありました。

日本時間の12月29日（火）の夜、メディロムがナスダック上場を果たしたというニュースは、翌朝、とある全国紙に掲載されました。

それ自体は大変ありがたかったのですが、記事では、上場したのが「ナスダック」ではなく「ジャスダック」になっていたのです。

ＮとＪとでは大きな違いがあり、その時も私はとてもショックを受けました。そして、ＩＰＯチームの皆さんが必死で成し遂げた上場を、広報がちゃんとニュースにできなかった悔しさが込み上げてきました。

たいていの新聞記事は事前チェックができません。でも、重要なニュースについては、よりしっかりと丁寧に説明し、伝えていかなければいけない。

私は広報としての責任を強く感じたのでした。

私を成長させてくれた言葉

「自由になるということは、責任を持つということ」

社会人歴が長くなるにつれ、自由度が増していくと思います。

でも、それと同時に責任が伴ってくるのです。

時間に拘束されない自由を得るのは、結果を出すことが求められるということ。

そう考えると、自由であることの責任を感じることができると思います。

自分の人生、自分で決めて、信じた道を進むことが大切

11月下旬のある日の夜、私は執務室のドアをノックしました。

江口さんに確認したいことや相談があり、私が用件を伝えると江口さんは、

「じゃあ、もういい時間だし、夕飯でも食べながら話そうか。お腹すいただろ?」

と、行きつけの焼鳥屋さんに連れていってくれました。

お店では、はじめは業務の進捗やスケジュールの確認をしていたのですが、次第に、少し前に私が始めていたゴルフのルールや、今のアイドルの推しメンは誰かなど、他愛のない話になっていきました。

そして少しお酒が入ると、話題はいつのまにか昔の仲間のことに移っていました。

江口さんは、会社を辞めていった社員のことは、忘れているようで忘れていないし、

一緒に撮ったたくさんの写真も残しています。でも……。

「未熟な経営者がめざす甘い理想でね。経営者と社員を超えた関係を作りたいと思ってきたけれど、彼らは、今はもう僕のコミュニティにいない。よくある話さ」

そう言ってお酒を飲む江口さんは少し寂しそうでした。

江口さんがめざす理想というのは、こういうことだと思います。

社長と社員という関係ではなく、同じ理念と目標を持った仲間でありたい。成長できる環境を用意してサポートし、失敗してもそれを咎めず、再チャレンジを応援する。

江口さんが、仕事を通じてよい人間関係を築くことの大切さを社員に教えている姿を見ていると、社員を本当の家族や友人のように思っているんだなと感じます。

江口さんはこんな話もしました。

「なんであれ専門スキルを身につけて、芽が出るまでには時間がかかるものだよね。人脈を築いたからといって仕事が上手くいくわけじゃない。専門知識を身につけて仕事の進め方を覚え、センスを磨くことこそ優先するべきなんだよ。自分の能力開発を先送りしてはいけないね」

それを聞いて私は、

（これは私のために言ってくれているんだ）

そう感じました。広報というと、キラキラ人脈を築くのが仕事だと思っていたけれど、どうやらそれだけではないらしい。それは、私もうっすら感じてはいました。

そして、広報の仕事は人に紐づくというけれど、紐づけた上で、どれだけ会社を知ってもらい、売り込めるかが大事なんだと思いました。

八巻誠＝メディロムということを、より多くの人に認知してもらうことこそが、私がやるべき広報の仕事なんだと。

帰宅したあと、私は江口さんが話したかつての仲間たちを思い浮かべました。

その人たちの中には、周りに流されて、事の真偽を自分で確かめずに会社を去っていった人もいたと思います。

でも、その選択を後悔している人はいると思います。なぜなら、自分で判断したことではないから。

だから私はこう思います。

自分の人生、
周りの人にも、会社にも流されずに自分で決めて、
信じた道を進むことが大切。
そして、自分を信じてくれる人の
信頼にこたえることも大切。

翌日は、メディロムにとって重要な日でした。

上場が確定していないのに喜ばないといけないつらさ

11月26日、私は朝から豊洲にある「THE BBQ BEACH in TOYOSU」に出かけました。

「コロナのことがあるし、上場を祝うパーティは、屋外の広々としたスペースでやりたい」

「パーティ当日に上映するベルセレモニーの動画も、せっかくならパーティと同じ場所で撮影しよう」

それが、江口さんやPRチームが出したアイディアで、動画の撮影場所として、大きなステージもある豊洲のビーチを選んだのです。

ただ、最初は先方から使用を断られました。それを江口さんの友人を頼りに、運営会社である株式会社デジサーフの高橋佳伸社長とお会いできたことで、なんとか実現にこぎつけたのです。

でも実は、当初の予定では、撮影は3週間以上前の11月4日に行うことになっていました。上場するのが12月上旬と仮定して、撮影後、編集作業をしてナスダック側の確認を取るのに、ひと月は必要だったからです。

ところが、本番の数日前になって、私は江口さんからこう言われました。

「マコト、ごめん、動画の撮影はリスケ（予定変更）だ」

「え？　どうしてですか？」

「今は詳しいことは言えない。あとで話すから、とにかく4日の撮影はナシだ」

「わかりました。では、撮影はいつにしますか？」

「いや、まだ、いつになるかわからない……」

私としては、会場や関係者に連絡をするのに、延期する理由を聞きたかったのですが、江口さんにそう言われたら仕方ありません。

私は各方面にリスケの連絡をしました。

中でも動画の制作会社には、もともと多忙なところに無理やりスケジュールを空けてもらっていたため、私はひたすらお詫びしました。直前にリスケというのは、通常では考えられないからです。

結局、すべての方にリスケを了承してもらったものの、私は社外の皆さんに迷惑をかけてしまったことで、申し訳ない気持ちでいっぱいでした。

その後、12月半ばには上場できるかもしれないという話が出て、そこから逆算して撮影日として決まったのがこの日だったのです。

その連絡をしたのは、撮影の1週間前でしたが、会場からはOKが出て、制作会社にもお願いをして、なんとか撮影をしてもらえることになりました。

ただし、問題はまだ残っていました。それも、いちばん大きな問題が……。

それは、この段階になっても、上場が100%確定していなかったことです。

それでも、広報としては、上場できるのを前提にスケジュールを組み、撮影をしないといけません。

動画の中のスピーチで江口さんは、

「上場できたことをとても嬉しく思います」

「投資家の皆様や一緒に会社を作ってきた仲間に御礼を述べたいと思います」

「さあ、鐘を鳴らしましょう！」

といった喜びや感謝の言葉を述べ、役員や監査役、それに役職者の皆さんと一緒に歓声を上げ、拍手をしました。

でも、そこにいる人の多くが、まだ上場できると決まったわけではないことを知っていたのです。

笑顔で仲間と喜ぶ〝演技〟をする江口さんを見て、私は心苦しくなりました。

ついにコースデビュー
あぁ、ゴルフが上手くなりたい

上場までの道はまだはっきり見えなかったけれど、落ち込んでばかりいても仕方がありません。

動画撮影の2日後、私はゴルフの本コースデビューを迎えました。

ゴルフを始めたのは2020年の夏の終わり頃。きっかけは、江口さんとのなにげない会話でした。

何かスポーツがしたいんですという私に、こんなアドバイスをしてくれました。

「それならゴルフをやってみたら？　実際、これから広報としてお付き合いでプレーする機会も増えるはずだから」

そして、自分は秋に何度か取引先とプレーすることが決まっているから、そこでコーステビューしようということになり、さっそく練習場に行くようになりました。

でも、やってみると、予想通り空振りばかりでボールに当たりません。飛ばしたい気持ちが強すぎたんだと思います。

その後、何度か練習場に行き、ショートコースも一度経験して、本コースに行くことになったのです。

当日、朝5時（ゴルフって、こんなに早起きしないといけないことにビックリ）に江口さんが迎えに来てくれました。

この日は、江口さんのトライアスロン仲間のMさん（男性）と、Mさんのかつての部下のFさん（女性）とご一緒。スタート前のMさんと江口さんとの会話で、私はMさんの会社のサービスをメディロムが事業化することを知りました。

そして、Mさんからは、新聞報道を見てメディロムの株を買いたいと思っているので、メディロムの株式を取り扱う証券会社を紹介してほしいという依頼がありました。

2つのビジネス会話を合わせると、どうやら数億円になるようで、それがフランクな会話の中で決まったことにビックリした私。同時に、「ゴルフ、恐るべし」と思いました。

Fさんは、とても素敵な女性でした。年下の私が言うのも変ですが、すごく気配りの細やかな方で、私は「おもてなしって、こうするんだ」と一つひとつ納得しました。そして、心に余裕があると（経済的にも、かもしれないけど）、人はきれいになって、他人にも優しくできるんだなぁとしみじみ思ったのでした。

この日の天気は快晴で、私のスコアは「１６８」。でも、練習場では空振りばっかりで不安だったのが、いざ本番を迎えたら意外とボールに当たったので安心しました。紳士のスポーツというだけあって、ゴルフでは気持ちを落ち着かせてバランスよくスイングすることが重要。

私がコースデビューで実感したことです。

また、ゴルフには人間性が出ると聞いていたけれど、本当にその通りだと思いました。ゴルフは、奥が深くて楽しいスポーツ。あぁ、もっと上手くなりたい。

心からそう思いました。

ＣＦＯ藤原さんの涙で上場への強い想いを知る

12月に入って最初の月曜日。

本社に役員や社員など１００人近くが集まり、社員会が開催されました。

「年内にナスダックに上場することが決まりました」

「皆さん、業界初の上場企業となる誇りと自覚を持ってほしい」

「今月は過去最高の月間売上記録を作り、伝説の一年にしましょう！」

会の冒頭に流されたムービーで、江口さんは私たち社員にこんなメッセージを送りました。

続いてＣＦＯの藤原さんが挨拶に立ちました。

江口さんが、主に上場プロジェクトの旗振り役と資金集めを担当したのに対し、藤原さんはＩＰＯチームの責任者として実務を取り仕切っていました。

「皆さん、ようやくナスダック上場が決まりました。今月中旬か、クリスマス前までにはできると思います……」

そう話す藤原さんの目からは、涙がこぼれていました。

日頃の藤原さんは、あまり感情を表に出さない方で、正直に言うと、ちょっと近寄りがたい雰囲気があります。

そんな藤原さんが、感極まって泣いている……。

私は、今度こそ上場できるだろうということは事前に聞いて知っていました。でも、藤原さんの涙を見て、本当に上場するんだという実感が湧き、役員や関係者の皆さんがどれだけ強い想いを持って上場に取り組んできたのかを知りました。

それまで、詳しい事情を聞かされていない社員たちの多くは、「上場するらしいよ」というふうに、どこか他人事というか、上場はそれほど難しいことではないと考えていたように思います。

そんな人たちも、藤原さんが涙を流すのを見て、上場、それもアメリカでするのが、どんなに難しいことなのかを感じ取ったのではないでしょうか。

藤原さんのお話は、

「上場のことは、まだSNSなどで発信しないでください」

「上場することで、これからのメディロムの状況はガラッと変わります」

と、社員の気持ちを引き締める言葉で終わりました。

それを聞いて、私にも「広報として、上場が実現するまで、もっともっと頑張らなきゃいけないな」という気持ちが芽生えました。

私を成長させてくれた言葉

「人生は、逆算することで豊かになっていく」

私は、〝時は金なり〟というコトバが好きで、時間に勝るものはないという考えのもと、〝20代は働いてたくさん経験を積む〟ということを大切にしてきました。

そうして今、感じるのは、長かったようで〝あっという間〟に時が過ぎていったということです。

「あなたは、10年後どんな人になっていたいですか？」

これは、採用面談で私がよく学生にする質問で、そう聞くたびに私自身も考えさせられます。

漠然とでもいいから、未来の自分を想像した上で、そこから逆算して行動に移していく。

それができると、人生は豊かになっていくのだなと感じるようになりました。

英語が聞きとれない、話せないことが本当にストレス！

朝起きた時から、私はユーウツな気分でした。この日は22時過ぎから、アメリカにいるナスダック関係者と、江口さんを含む私たちPRチームとでZoomミーティングを行うことになっていました。ナスダックとのミーティングは、現地時間に合わせるため、夜遅くに行うのが恒例です。それは別にかまわないのですが、問題は現地とのやりとりがすべて英語で行われることでした（当たり前ですが）。

この日の議題は、メディロムのベルセレモニーがいつできるかということでした。ナスダックには、日によって複数の会社が上場します。でも、ベルセレモニーができるのは、市場のオープニングとクロージングのタイミングだけ。つまり、上場当日にセレモニーを行うことができるのは、1日2社しかありません。

それでも、メディロムとしては、ニュースで大きく取り上げてもらうためにも、何がなんでも上場当日にセレモニーをやりたい。それも、アメリカがお休みモードに入るクリスマスまでには上場したいという意向がありました。

予定通りに始まったミーティングでは、ヨシオさんと、ナスダックの日本側の担当者であるMさんが、メディロムの主張をアメリカ側に伝えました……。と言っても、会話はすべて英語なので、私にはどんなことが話されているのかまったくわかりません。ヨシオさんとMさんが通訳してくれて、ようやく内容を理解していました。

しかも、アメリカ側のナスダックでメディロムを担当してくれているアシュリーという女性は、ものすごいスピードでしゃべるのです。アメリカで上場するのだから、英語でやりとりするのは当然です。それはもちろんその通りなのですが、それにしてもスピードが……。

実は、私の妹は、アメリカ西海岸に長く留学していた経験があり、今は日本で幼い子どもたちに英語を教える仕事をしています。

私も、時々Ｚｏｏｍを使って妹から英会話のレッスンを受けているのですが、あまりに英語ができない私に妹はイライラするようで、つい数日前には、「お姉ちゃんの英語、2歳児よりひどいよ」と言われてしまいました。

アシュリーにすれば、ナスダック上場をめざす企業の、それも窓口になる広報担当者が、まさか英語をまったく話せないとは夢にも思わないでしょう。もし、この事実を知ったら、「アンビリーバブル！」と叫ぶに決まっています。

私はまったく会話についていけないことに、ものすごいストレスと、「もっと英語を勉強しておけばよかった」という激しい後悔を同時に感じていました。

結局、私は最初に英語で自分の名前を言っただけで、その後はひと言も発言せずにミーティングは終わりました。ミーティングでは、メディロムの上場日を2週間後の12月23日とし、その日にベルセレモニーも実施したいという要望を伝えました。同じ日に、もっと規模の大きな会社が上場する場合、そちらが優先される可能性もありますが、それでもなんとか2社のうちの1社に加えてほしいということも交渉しました。

アシュリーには、その場で決定する権限はなかったのですが、私たちの要望を上層部に伝えることを約束してくれたのでした。

第4章

上場できる？　できない⁉
人生でいちばん長い2週間

12月17日（木）

コレ、詐欺に遭ってるんじゃないですか？

ナスダックの上場日を12月23日にしたいというメディロムの意向はナスダック側に承認され、ベルセレモニーも調整の末に当日朝のマーケットオープン時にできることになりました。

会社にとっては大きな前進でしたが、まだ重要な仕事が残されていました。資金調達です。

といっても、メディロムが投資家に対し「株を購入しませんか？」と勧誘することは法律で禁じられていて、会社としては、興味を示してくれた投資家に、主幹事であるアメリカの証券会社の連絡先を伝えることしかできません。

そして、上場予定日が決まってからも、江口さんとＩＰＯチームの前には、それまでよりさらに高い壁がいくつも立ちはだかりました。

この日、私は江口さん、ダイムくんと一緒に、オフィス近くの小籠包のお店へランチに出かけました。

この頃になると、江口さんはＰＲチームのメンバーに、詳しい状況を話してくれるようになっていました。それは、悩みやストレスを抱えていても、問題が問題なだけに会社で話すことができず、しかも話せる相手も限られていたからです。また、私たちＰＲチームも、上場セレモニーやＰＲのタイミングなどについてＩＰＯチームと連携することが求められたため、正しい情報を共有する必要がありました。

食事をしながら、江口さんが困ったような顔をしました。

「どうやらアメリカの銀行口座に、日本から送金ができないらしいんだ」

「え？」

それまでに江口さんからは、次のような話を聞いていました。

上場資金として最低でも10億円を集める必要がある。それに対し、既存の株主や報道を見た投資家から問い合わせが殺到し、かなりの額が集まりそうだ……と、ここまではよいのですが、そこから先が問題でした。

メディロムが上場する際の主幹事であるアメリカの証券会社「マキシム証券」が、こちらの要望をスムーズに受け入れてくれなかったのです。

その最大の原因は、マキシム証券が、日本の会社の直接上場を取り扱った経験がないという、やはり前例がない点にありました。

さらに、ＩＰＯチームは、マキシム証券のアドバイザーに着任した日本人弁護士にも頭を悩ませたようです。その人物は、自分の意見を言えばそれだけ高く評価されると考えるタイプだったことに加えて、最終局面になってプロジェクトに入ってきたために、状況をあまり理解しないまま一般論を述べた結果、議論の収拾がつかなくなってしまったとのことでした。

また、その弁護士は、日本企業の上場に関わるリスクを必要以上に強調したため、マキシム証券は日本側の投資家の問い合わせに対応することに慎重になっているようでした。

そして、言葉の壁もありました。

マキシム証券から日本に送られてきた申込書類は当然英語で、英語が読めないために、証券会社の口座を開設できない投資家もいました。その結果、この時点で口座が開設できたのは数人だけだったのです。

それでも、マキシム証券からの情報によると、なんとか7億円程度は調達できそうだということがわかったのですが、今度は「海外送金」という壁が立ちはだかったというのです。

マキシム証券に口座を開いた日本の投資家の皆さんが銀行に行き、証券会社が指定した「バンク・オブ・ニューヨーク・メロン証券」（BNYメロン、以下バンク・オブ・ニューヨーク）の口座に送金しようとしても、どの銀行も受け付けてくれないとのことでした。

それらの銀行は、海外送金を扱っていないか、受け付けてくれたとしても、金額が数千万から億単位になるため、犯罪行為によって得た不正な資金を、口座間を移転させることで出所をわからなくするマネーロンダリング（資金洗浄）対策の観点から、その都度日銀に確認しなければならないそうなのです。でも、それに時間をとられてしまうと、23日の上場に間に合いません。

また、ある銀行では、投資家の方が用件を話すと、銀行の窓口担当者は「日本企業が、直接アメリカの株式市場に上場するなんて聞いたことがありません。これ、詐欺に遭ってるんじゃないですか？」と疑ったそうです。

別の銀行では、マキシム証券という社名を聞いた担当者が「マキシム　詐欺」とネット検索をかけると、本当に詐欺事件がヒットしたのだそうです。

あとからわかったことですが、8年ほど前に、香港にある、似たような名称の企業が投資詐欺事件を起こしていて、ネットではたまたまそれがヒットしたのでした。

そんな悪い偶然も重なり、送金が始まった16日は、1件も着金が確認できなかったとマキシム証券から連絡があったそうで、江口さんは、

「これは、年内の上場はムリかもしれない……」

と力のない声でつぶやきました。

さらに江口さんはこう続けました。

資金が集まらなければ、マキシム証券はリスクを避けてメディロムとは正式な契約を結ばないだろう。そうなれば、上場自体なくなってしまうかもしれない――。

私とダイムくんは、23日に上場できるつもりでパーティの準備を進めていました。お

そらく江口さんは、そんな私たちを見て、こんな大きなトラブルがいくつも起きているのだと知らせたかったのだと思います。

「僕は前向きなほうだけど、上場前はナーバスになるね。上場を経験した経営者の友人も、上場前にネガティブになるって言っていたなぁ。今はその気持ちがよくわかるよ」

そう言って江口さんは苦笑いしました。

証券会社の口座を開設できないという壁に続き、日本の銀行とアメリカの銀行のあいだにある高い壁に道を塞がれてしまったのです。

そんな時です。救世主が現れたのは……。

その日、大阪に住む投資家が三井住友銀行に行き、直接支店長とやりとりした上、その場で日銀に電話をかけさせて事情を伝えると、なんとわずか数分で送金の許可が下り、アメリカの銀行口座に無事に送金することができたというのです。

その話が他の投資家にも伝わり、三井住友銀行の他の支店や三菱ＵＦＪ銀行の各支店から、なんとか送金することができたのでした。

12月18日（金）

上場すれば偉大な経営者、できなければ天下の大ウソつき

ところが、海外送金という壁を越えたと思ったら、次はもっと厚くて高い壁がメディロムの前に立ちはだかりました。

それは、証券会社という壁でした。

この日の夜、私は江口さん、Tさん、そして私の同期で、江口さんのアシスタントをしている〝どん〟ことユウミの4人で白金にある火鍋屋さんに食事に出かけました。

江口さんのことを気にかけていたTさんが江口さんを食事に誘い、私たち2人にも声をかけてくれたのです。

食事の席で、江口さんは今メディロムが置かれた状況をそれまで以上に詳しく説明してくれました。

私には、その話が、マキシム証券に主導権を握られ、追いつめられているというように聞こえました。

前にも書いたように、上場には10億円以上の資金を調達することが必要で、そのうち7億円程度はめどが立っているとマキシム証券から聞いていました。

本来なら、メディロムはマキシム証券と最終契約を結び、マキシム証券はロードショー（上場承認後、株式公開前に、公開価格を決めるために機関投資家向けに行う会社説明会）を行うべきなのですが、相手は正式契約を渋っています。なぜなら、契約してしまうと、資金が集まらなかった時に自分たちでその差額をカバーしなければならないから。

こうした契約のタイミングややり方はアメリカでは一般的なようなのですが、日本のそれとは大きく異なります。

「そんなのあり得ない……」

江口さんの話を聞いて、私は思わずつぶやいてしまいました。

どうやら先方は、もっと大きな顧客を抱えていて、メディロムのような小さな案件は後回しにしているようでした。

この時点でマキシム証券自体は、肝心のアメリカの投資家からの資金調達が遅れている上、日本の株主の名前を間違えてメールを送ったり、必要な口座情報を送らなかったりしていると私は聞いていました。

そして、そうしたミスや連絡の遅さに腹を立て、投資をやめてしまった人も少なくないということも……。

しかも、マキシム証券が、今後、報酬の増額を求めてくるのは確実で、最終的には法外な要求もあり得るということでした。普通に考えたらあり得ない話ですが、上場するためには他に選択肢がないようでした。

「今、僕はきわめて細いロープを渡っていて、いつ落ちてもおかしくない」

江口さんは今の苦しい状況をそんな言葉で説明しました。

そして、しみじみと言いました。

「もし落ちたら、監査が、弁護士が、銀行が、証券会社が、と言い訳したくなるけど、投資家の皆さんは誰も『それなら仕方ないね』とは言ってくれない。結局は『江口康二に問題があった』と考えるものだ。この細いロープを渡り切れば、きっと偉大な経営者と呼ばれるだろうね。しかし、踏み外して落ちたら天下の大ウソつき、詐欺師と呼ばれることになるんだ」

自分ではどうにもできない状況に置かれた江口さんは、歯がゆく、悔しそうに見えました。

そして、途轍もなく大きなストレスを感じているようにも。

でも、日本の経済史に残るようなことを成し遂げようとしているのだから、大きなストレスがかかるのは当たり前かもしれません。

そういう私も、23日の上場が怪しくなってきているため、かなりのストレスを感じていました。

パーティの準備は進めているものの、日程が確定していない中では限界があり、プレスリリースも出せないためにメディアへのアプローチもできていませんでした。

そんな私の心を見通したかのように、江口さんはこんな話をしました。

「みんなにも心配をかけてすまない。しかし毎日のように問題が起きて、しかもそれがどんどん大きくなるから、昨日クリアした問題がちっぽけに感じる。でも、神様は解決できない試練は与えない、と思って頑張るしかないね」

　この夜の江口さんは食が進まないようで、珍しくお酒も口にしませんでした。そして、

「このあともアメリカ側とミーティングがあるんだ」と会社に戻っていきました。

12月19日（土）
人生最大のピンチ！私じゃなくて江口さんの話ですが……

この日は土曜日でしたが、私はパーティの準備のために休日出勤しました。

お昼になると、私は江口さんに誘われて、オフィス近くの「サイゼリヤ」にランチに出かけました。

社長と従業員という関係の江口さんと私ですが、休日には他の社員も一緒にマラソン大会に出るために旅行に出かけたりと、プライベートでも交流があります。

そういう時には、私はリラックスしすぎて、まるで家族に対するように、つい「ねえねえ」「あのさ」と話しかけてしまいます。実は、ヨシオさんに対しては、私は社内でもそんな感じで接しているので、時々ヨシオさんと間違えて、江口さんに話しかけてしまうこともあります。

ある時には、江口さんの話を聞いて、「へぇ、そうなんだ」と相槌を打ってしまいました。それに対し、江口さんも「そうなんだよ」と普通に返事をしてくれましたが。

でも、12月半ばを過ぎてからの江口さんは、「いつ寝ているんだろう?」と思うくらい明らかに睡眠不足で、そこにストレスも加わって、ふだんのフランクさが影を潜め、近寄りがたい空気をまとっていました。

そのため私は、社内でも、江口さんの機嫌のよさそうなタイミングを見計らって話しかけるようにしていました。

サイゼリヤでの江口さんは、本当に「憔悴」という言葉がぴったりで、疲れきっていました。

そんな江口さんを見て、私の中に突然、「死なないでほしい」という想いが湧き起こりました。なんだか、江口さんがいなくなってしまうんじゃないか。そう思ったからです。そして、

(正直、もう上場はどうでもいいや)

とさえ思いました。

私がそこまで心配になるくらい、江口さんは追いつめられていたのだと思います。

そういう私も、状況を１００％理解していたら、江口さんと同じように追いつめられていたかもしれません。最初はＩＰＯの意味もわかっていなかったし、専門用語が出てくるたびに「ＡＤＲってナニ？」「マネロン？？」とネットで調べていました。


江口さんによると、マキシム証券に対し、問い合わせのあった日本の投資家に口座番号を送ってほしいと改めて依頼したものの、実際に送られてきたのは追加で４人分だけだったそうです。

「日本の一企業なんて取るに足りない存在なんだっていうのを実感するね」

「世界に出ていったら、同じようなことを常に味わうんだろうなぁ」

江口さんは自分に言い聞かせるように話していました。

株主の中には、追加で投資しようと言ってくれる人もいると聞いていましたが、10億円を調達できるめどは立っていないようで、マキシム証券主導によるアメリカでの資金調達に関するロードショーの見通しも立っていないとのことでした。

でも上場予定日の23日までは、今日を入れてもあと5日しかありません。

「日本側で興味を持ってくれている投資家は多いから、本当はその全員がアメリカで口座開設できれば、クリアできる可能性が高いのに……。日米の両方で金融ルールを守った上で資金が集まる方法を考えないと。これは人生最大のピンチだね」

江口さんは力なく笑いました。

12月21日(月)

無念の上場延期。そして〝会社がピンチ〟の本当の意味を知る

休み明けだったこの日は、一日中みんなバタバタしていました。

すでに新聞ではSECの申請受理が報じられていたため、多方面から取材依頼が入っていました。その中には、テレビ東京系列の『ワールドビジネスサテライト（WBS）』からの依頼も含まれていました。

「日本で株式を公開せずに、ナスダックに先に上場する日本企業は21年ぶり」という快挙は大きなニュース性があります。そこで私たちは、日本で盛大なパーティを開き、その様子とアメリカのナスダックタワーに流れる映像を同時生中継するという壮大なプランを進めていました。

あいにくパーティは、新型コロナウイルス感染拡大の第3波の影響で大きく縮小しな

ければならなくなったものの、テレビ中継はできます。しかも、もし23日に上場できれば、WBSのニュースで扱ってもらえる！　私たちPRチームは心を躍らせて、ニューヨークにいるWBSクルーともZoomで打ち合わせを重ね、本番に備えて詳細をつめていました。

ところが……。

夜になって江口さんからPRチームに招集がかかりました。そして、集まったメンバーを前に江口さんが頭を下げました。

「マコト、みんな、すまない。着金が間に合わなかったと連絡があった。23日の上場はできない……」

執務室はとても重苦しい空気に包まれました。

私たちPRチームは、IPOチームのメンバーや投資家と、一日中連絡を取り続けている江口さんの姿を見ているので、誰も口を開くことができませんでした。

でも、私は気になっていることを聞きました。

「それで、上場はいつになるのですか？」

「それもまだわからない。この2日間で送金が間に合えば、最短で29日が濃厚だね。そして、これが最後のチャンスになると思う」

江口さんが思いつめた顔で言いました。さらに、江口さんはなぜこれがチャンスとして「最後」なのかを話してくれました。

2020年のうちに上場し、それで得た資金を資本金に組み入れることができなければ、結果として決算期末（当社は12月決算）時点で会社は債務超過に陥る。そうなると、銀行など取引のある金融機関からの評価が下がり、将来的に資金を融資してもらうことが難しくなり、最悪の場合、倒産してしまうかもしれない――。

それまでも、会社がコロナ禍でピンチだということは理解していました。でも、江口さんの話を聞いて、ピンチ＝倒産という現実が、突然目の前に迫ってきたのです。

そして、この日から年末までの10日間は、江口さんとメディロムにとって、それまで以上に長い長い10日間になったのです。

12月24日（木）

いくつもの奇跡が重なってついに光が見えてきた！

本来であれば、1年でいちばんウキウキするはずのクリスマスイブ。

でも、今年は世の中がコロナ禍にあるだけでなく、会社も大ピンチとあって、楽しむ気にはとてもなれません。

私は、神様とサンタクロースに、メディロムが上場するための奇跡が起きてほしいと強く願っていました。

そして、ここから本当に奇跡が連続して起きていくのです。

最初の奇跡は、この日の午後に起きました。

ある投資家の女性は、メディロムに投資しようと即決し、わずか数時間で全財産をかき集めて資金を用意し、マキシム証券に問い合わせたのです。その勢いに押され、マキシム証券も口座開設を急ぎ手配してくれたそうです。

ところが銀行で海外送金をしようとしたところ、他の投資家の皆さんと同様にやはり取り扱っていないと断られてしまいます。でも、その方はあきらめず、取引のある銀行に片っ端から掛け合いました。しかし、やはりどの銀行でも海外送金を断られ、最後に残った北陸銀行の支店長を訪ねます。

その話を聞いた江口さんやＩＰＯチームのメンバーは、「ご厚意は大変ありがたいけれど、さすがにムリだな」と思ったそうです。なぜかと言うと、北陸銀行はいわゆる地方銀行であり、海外送金を取り扱うケースが少ないからです。また、たとえ送金できたとしても、大手銀行などを経由して送金を行うために通常よりも時間がかかり、期限に間に合わないと考えたのだそうです。

ところが、その後まもなくして、その女性から、「送金は間に合う」という連絡が来ました。

「え？　どうしてですか？」

江口さんは思わずそう聞き返したそうです。

なぜ、できないと思われた銀行から送金できたのか。

実は北陸銀行は、ある海外の銀行と業務提携を行っていました。そして、その銀行というのが……、なんとバンク・オブ・ニューヨークだったのです！

また、すでに証券会社とのやりとりを終え、投資をすませていた投資家の皆さんの中にも、なんとか力になりたいと考えてくださった方が多かったようで、土壇場で多額の追加資金が集まり、送金もすることができたのです。

そうした日本側の強いニーズを知って、ようやくマキシム証券も重い腰を上げます。アメリカでのロードショーを開始すると、日本時間の23日深夜から25日までのわずか2日半のあいだに、アメリカをはじめ世界中の投資家をなんと３００人も集めたのです。

あとでこの話を聞いた私は、

「もう、もっと早く本気出してよっ！」

と思いましたが。


アメリカの投資家の皆さんがメディロムに興味を持ってくれたのは、活動量計「ＭＯＴＨＥＲ Ｂｒａｃｅｌｅｔ」の存在も大きかったのではないかと思います。

ＭＯＴＨＥＲ Ｂｒａｃｅｌｅｔは体温で発電するため、永久に充電が不要です。これは、「温度差発電技術」の特許をもつシリコンバレーのベンチャー、マトリックスインダストリーズ社とメディロムが共同で開発したもので、２０２０年1月には、毎年ラスベガスで開催される世界最大の電子機器の見本市「ＣＥＳ」で開発発表を行いました。

当時、広報兼任になったばかりだった私も、ＰＲ業務のため、江口さんやヨシオさんたちと一緒に現地を訪れました。会場で私は、日本人記者を見つけては声をかけ（そんなことをしているのは私だけだったのですが、海外ということもあり逆に勇気が湧いていました）、発表会に出席してもらいました。

発表会の規模は大きくなかったものの、ＣＥＳがもつ影響力は絶大で、記者の皆さんがＳＮＳやウェブ媒体などで情報を拡散してくれた結果、世界各国から「ぜひ『ＭＯＴＨＥＲ Ｂｒａｃｅｌｅｔ』を購入したい」という問い合わせが数多く寄せられました。私には、ＭＯＴＨＥＲ Ｂｒａｃｅｌｅｔが、日本を飛び出して世界にチャレンジしようとするメディロムを象徴しているように思えます。

とはいえ、23日深夜から25日までの2日半は、江口さんはじめＩＰＯチームの皆さんにとっては本当につらかったようで、私には皆さんが日に日にやせ細っていくように見えました。

これもあとから知ったことですが、皆さんは、昼間は投資家対応や申請書類のやりとり、監査法人への対応に追われ、その後は深夜0時から翌朝6時頃まで世界各地の投資家を相手にしたロードショーを実施していました。

そんな多くの方々の努力と熱意、そして奇跡によって大きな壁を乗り越え、メディロムはナスダック上場に必要な要件を十分に満たす投資家数と資金を確保したのでした。

12月28日（月）

今度こそ上場できそう でも、まだ100％キマリじゃない

私は出社すると、すぐに翌日のベルセレモニーのパーティの準備に取りかかりました。

「なんとか明日、上場できそうだ。まだ100％じゃないけど……」

前日、私は江口さんからそう聞かされていました。

ケータリングの手配、株主への案内、花の手配……パーティは明日だというのに、やることはまだ山ほどあります。

パーティには、年末の土壇場で投資を決めた投資家の方も参加してくださることになっていました。

パーティ前日、それも年末にお客様を招待するなんて、普通に考えればあり得ません。

けれど、急な変更とそれに伴う準備、対応にすっかり慣れてしまって、「明日までに」というムチャぶりにもまったく驚かない自分がいました。もともと、しっかり準備ができていないと不安な性格のはずなのに。

ほとんどのことは、明日でも間に合うことになったのですが、残念だったのは、急に上場日が決まったことで、メッセージジムービーを、上場当日の明日はナスダックタワーの壁面に投影できないことでした。

江口さんは、ナスダック上場を目標に掲げてから何度かニューヨークを訪れては、タワーの前で自分の写真を撮り、「いつかここにメディロムのムービーを映すんだ」と言い聞かせていたそうです。

そのため、ムービーの内容にもこだわり、社員一人ひとりの映像を事前に撮影して、豊洲での動画と組み合わせて投影することにしていました。

また、残念なことに、WBSの年内の放送もすでに年末特番に切り替わってしまっていました。

「取材していただいて、年明けに放送することはできませんか?」

そんな方法も提案してみましたが、新年に前年のニュースを取り上げるのは、報道番組として難しいようでした。

結果的に、上場のニュースはいくつかのウェブ媒体には掲載してもらったものの、テレビでの露出をめざして準備を進めてきた私たちPRチームにとってはチャンスを逃すことになり、悔しい思いをしました。

もうひとつ私をユーウツにさせたのは、翌日のパーティでの司会でした。

広報になって、人前で話す機会はグンと増えたとはいうものの、それが大きなストレスになるのは今も変わっていません。

そんなこんなで会社で23時までパーティの準備をし、家に帰ってから司会トークの台本を書きました。

（あー、緊張するなぁ。上手くしゃべれるかな……）

そんな不安に駆られつつ、私は3時に眠りについたのでした。

12月29日（火）

スミマセン、私、そもそも知らないんです

ブゥーッ、ブゥーッ、ブゥーッ、ブゥーッ……。

スマホのバイブ音で私は目が覚めました。

壁の時計を見るとまだ6時半で、私が寝てから3時間ちょっとしか経っていません。

バイブはアラームではなく、江口さんからの電話でした。私は頭がボーッとしたまま電話に出ました。

「やった！　マコト、出たか！　今度こそ本当に上場が決まったんだ。だから、頼む！　＠Ｐｒｅｓｓにログインする IＤとパスワードが知りたいんだ」

江口さんは興奮気味に言い、話を続けました。

昨日の夜からのマキシム証券とのＺｏｏｍミーティングの最中に大きなトラブルが

あったものの、それがたった今解決して最終契約を結び、上場が正式に決まった。

ただし、契約した事実をニュースリリースで告知する必要があり、その期限が2時間後に迫っている。そこで、日頃ニュースリリースの発信を依頼している代理店の＠Ｐｒｅｓｓを通して、海外向けリリースを発信したい。だから、そのサービスを利用するためのＩＤとパスワードが知りたい――。

そこまで聞いた私は、恐る恐る口を開きました。

「スミマセン、私が知ってるのは国内向けサービスのＩＤとパスワードで、そもそも海外向けは知らないんです……」

「えっ、なんで!?」

江口さんの驚いた声が聞こえました。

「それを知ってるのはダイムくんだけです」

「なんで共有してないんだよっ、またポンコツエピソードを増やしたな！」

そう言って江口さんからの電話は切れました。

実は私の前に、江口さんや藤原さん、ＩＰＯチームのメンバーは代わるがわるダイムくんにも電話をかけていたのですが、何度かけてもダイムくんは出ませんでした。彼にすれば普通に寝ていただけなのですが（笑）、徹夜明けでテンションが異様に上がっている皆さんは口々に、「早く起きろ！」「なんで出ないんだ！」と叫んでいたそうです。江口さんから私への電話のあと、ヨシオさんがその日何度目かの電話をかけると、ようやくダイムくんが出たのですが、彼もIDとパスワードを知りませんでした。というのも、ダイムくんは国内向けと同じく海外向けのリリースの発信も@Pressに依頼していて、海外向けサイトに直接ログインしたことがなかったからです。でも、誰もが私たちPRチームのメンバーなら海外用のIDとパスワードを知っていると思い込んでいたのです。

しかも、@Pressに依頼すると、海外でリリースが出るまでに2、3日はかかってしまうこともわかりました。

結局、IPOチームが交渉した末、マキシム証券がニュースリリースを発信してくれることになり、日本時間で8時半、アメリカ現地時間で18時半にメディロムとマキシム証券との契約が全世界に告知されました。そして、日米間の投資家の意思確認を経て、日本時間の正午に上場が確定したのでした。

これはすべて私の知らないところで行われたことですが、ＰＲチームとして反省すべき点があるとしたら、海外向けリリースを自社で発信できなかったことです。

海外向け発信について、もっとリサーチをして、実現するためのリソースを確保しておくべきだった、と今になって思います。

12月30日（水）

祝・上場♡ところが会社のピンチはまだ続いていた！

上場を祝うパーティは、日付も場所も内容も当初のプランからはすべて変わってしまったけれど、サポートメンバーの協力もあって、無事に終えることができました。

私は、ナスダックのサイトで〝ＭＲＭ〟と検索しては、〝MEDIROM Healthcare Technologies Inc.〟という社名が出てくることに喜びを感じていました。

パーティでは他にも嬉しいことがありました。ＩＰＯチームの皆さんから「レスが早くてストレスなく仕事ができたよ」と褒められたのです。

また、別のメンバーの方からは、

「できないながらも、頑張っていたね」

と言ってもらえました。私にできることは少なかったですが、少しは上場に関して力になれたのかなと思うと嬉しくなりました。

私にとっては、前日のパーティが２０２０年の実質的な仕事納めになったのですが、実はメディロムのピンチはまだ続いていました。


この日の昼間、私は自宅で御礼のメールや年明けの仕事の整理などをし、夕方になって年明けの仕事の確認をするために江口さんと打ち合わせをしました。

そこで、江口さんが口にしていたのは、一緒に上場をめざしてくれた役員の皆さんへの感謝の言葉でした。

非常勤役員の小川さんは、以前江口さんが出資していた先の会社の弁護士でした。その会社は事業に失敗してしまうのですが、その際の小川さんのすばらしい対応に江口さんがひと目惚れし、「一緒にやろう」と声をかけたのだそうです。

また、投資会社の経営者でもある藤原さんについては「本来であれば、一生安泰のはずなのに、人生を懸けて一緒にチャレンジしてくれた」としみじみ感謝の気持ちを語っていました。

ただ、江口さんは笑顔を見せながらも、どこか元気がありません。前日のパーティでは、久しぶりにはしゃいでいるように見えたのに……。

そんな私の気持ちを察していたのかもしれません。江口さんは「上場してもまだ安心はできないんだよ」と言って、こんな話をしました。

上場して初値がついたものの、調達した資金が、年内に証券会社からバンク・オブ・ニューヨークのメディロムの口座に入り、それが日本側で認識されなければ、増資に関する登記が完了しない。それだと、やはり会社は債務超過に陥ってしまう。すると、銀行からの評価が下がって……。

そうです。年内に上場がすめば、それでOKというわけではなかったのです！

私は、それを知ってビックリしました。

同時に、なぜ江口さんの表情が冴えないのかを理解しました。

（年内って……、もう明日しかないじゃん！）

（コレって絶体絶命のピンチでしょ！）

とはいえ、そのピンチから抜け出すために、私にできることはありません。できることがあるとしたら、それは、時間ができるだけゆっくりと流れて、手続きがスムーズに進むことを祈ることだけでした。

私を成長させてくれた言葉

「自分の軸を持つこと」

社会に出ると、さまざまな価値観を持った人と出会い、共に仕事をしていく中で、多くの影響を受けていきます。

人にはそれぞれのよさがあり、尊敬するところは誰にでもたくさんあります。

だからこそ、よい部分をたくさん吸収すること。

でも、その中で自分の軸はブラさないことが重要だと思います。

自分らしく生きていくためには、〝自分の意思を持って、責任を持って行動する〟ことが大切だと。

エピローグ

どうやら無事に年が越せそうだ。来年もよろしくね

大晦日の夜。

いつもの年と違って、私は年末という感じが全然しませんでした。

前日に江口さんから聞いた話が頭から離れず、朝からずっとお金のことを考えていました。

コロナ禍の中であえて上場をめざすことは、通常よりコストがかかる。

そのリスクをとっての挑戦だった。

財政基盤が安定していない中での挑戦だったから、プレッシャーとストレスがものすごかった。

そんな話も江口さんはしていました。

私も、知識が乏しいながらも、江口さんやＩＰＯチームのメンバーから状況が厳しいことを聞いて、私なりに皆さんを応援してきたのです。

その結果が、もうすぐ出る……。

2020年もあと数十分で終わりという段階になって、私は社内の連絡ツール「Slack」で江口さんにこんなメッセージを送りました。

今年もお世話になりました。
ありがとうございました。
来年もよろしくお願いします。

あえてお金のことは書きませんでした。
すると、まもなく江口さんから返事が届きました。

さっき、今年最後の仕事を終えました。
どうやら無事に年を越せそうだ。
来年もよろしくね。

「あ、大丈夫だったんだ」

私はホッとすると同時に、江口さんをはじめ、上場に関わった皆さんの闘い（？）が終わったんだと実感しました。

私は嬉しくなって、無事に上場ができ、新しい年を迎えられることを母親にＬＩＮＥで報告すると、すぐにこんな返事が来ました。

凄いね‼
人並みの努力ではダメでも、
あきらめなければ夢って叶うんだね‼
誠も社長さんを信じて頑張ってきてよかったね。

母のメッセージを読んで、私はまた嬉しくなりました。そして、いつも応援してくれる母に感謝しました。

上場への挑戦は、江口さんとメディロムにとって、まさに生きるか死ぬかのサバイバルでした。

私自身も、人生は一度きりだと思えば、20代のうちにとてもよい経験ができたし、これから生きていく上での財産になるはずです。

泣きたいこともしんどいこともあったけれど、会社を辞めなくてよかった。

そう思えました。

そして、新卒でこの会社を選んで本当によかったと――。

すべての皆さんに感謝
～あとがきにかえて～

「私が本を出すなんて……、地球はどうなっているんだ？？」

それが、江口さんから、「上場の話を、マコト、君の目線で書いて」と言われた時の私の正直な感想でした。そして、こうして本ができたのですが、地球は何も変わっていないみたいです（笑）。

こんな機会はもう二度とないので、この場を借りて、いろいろな方に私の感謝の気持ちを伝えたいと思います。

まず江口代表。

江口さんには、親代わりではないけれど、ただ一緒に仕事をするだけではなくて、いろいろなことを教えていただき、また、さまざまな貴重な経験をさせてもらいました。それには本当に感謝の気持ちでいっぱいです。

私がこの本を書いたのは、江口さんからの業務命令です。

けれど、私は、入社してからの6年間、江口さんが強い想いを持って、ブレずに会社を引っ張ってきたのを〝日の当たり〟にしてきました。

そんな私には、江口さんがたんに言葉だけでなく、心から会社や仲間のことを思い、それを言葉と行動で示しているのだということを、少しでも関係者の皆さんに知ってもらいたいという気持ちがありました。

それが、この本を通じて伝わったのであれば嬉しいです。

次に、株式会社メディロム。

この会社に入ってから、私自身の仕事に対する価値観はどんどん変わっていきました。ただお給料をもらうために働くというより、仕事を通して自分の人生というものが豊かになっていくのを感じました。その意味では会社にはとても感謝しています。

続いて上司の皆さん。

私が新卒の後輩たちを見ていて感じるのは、会社員は上司次第で人生が左右されることが多いということ。その点、私は運がよくて、本当に上司に恵まれていたなと思います。歴代の上司であるカドタさん、キムラさん、チモトさん、フクダさん、マツナガさん、キタムラさん、ヨシオさんには、心から「ありがとうございます」とお伝えしたいです。

さらに、家族。

八巻家の子育ては放任主義で、すべて自分で決めて動きなさいと教えられてきました。それが私にはすごくよかったなと感じています。

とはいえ、母は、私が何をするにも味方でいてくれたし、私がした選択を常に応援してくれています。だから、母にはいちばん感謝しています。

父とは正直あまりいい関係ではないのですが、やはり父も常に私のことを見守り、心配し、応援してくれるのを感じているので、それには感謝しています。

妹と弟は、なかなか生意気で（笑）、私を姉だと思っていないんじゃないか？と感じることもたびたびあるのですが、もちろん2人にも感謝しています。

それと、幼い頃から親と同じくらいの愛情を注いでくれた祖父母や母親の友人たちにも本当に感謝しています。

そして、最後に読者の皆さんへ。

この本をご購入いただき、また、知名度も何もない私の経験談を最後まで読んでいただき、本当にありがとうございます。

会社を守ること、その上で成長させていくこと。

組織のリーダーとして、全体に向けて旗を振り続けること。

それは本当に難しいことだと思います。

入社当初は何も知らずに、会社に対して不満を漏らしていた自分がとても情けなく感じます。

この本を手に取ってくださった会社経営に関わる皆さんも、きっと会社の成長や社員の幸せを願って日々奮闘されていると思います。逆境でも常に前に進み続けることや、チャレンジすることの意義を少しでも感じていただけたら嬉しく思います。そして、弊社に続き、ナスダック上場をめざす企業が増えていくことを願っています。


また、私と同じように、20代で将来に対して不安を感じ、壁にぶつかり、悩みを抱えている方の背中を少しでも押せればと思い、上場までの出来事をもとに自身の経験もお話ししました。

悩みって本当にいろいろあって、尽きることがないですよね。

でも、その悩みから逃げないで向き合うことが大切だと私は学びました。

社会人になると、学生の頃と違って、「みんな一緒」が通用しなくなります。行動や選択の一つひとつを自分で決める必要があり、その決断こそが自分の人生を創っていきます。

だからこそ、自身で抱え込んでしまい、周りが見えにくくもなる時もありますが、必ず助けてくれる人がいることをどうか忘れないでください。

悩んだ時は、家族や友人、職場の上司や同期、大切な人に相談をしてみるとよいと思います。

一つひとつ悩み、解決をして乗り越えていく。

その悩みの解決の分だけ、頑張った証拠であり、人生経験が豊かになり、幸せになっていくはずです。そして、物事を点でとらえるのではなく、線で見られる人にも……。

「もうちょっと、もうちょっと」の積み重ねが大切なこともあります。

そう、今日も、「もうちょっと」一緒に頑張っていきましょう。

幼い頃、専業主婦だった母を見て、私も専業主婦になろうと思っていました。

それが、この会社で働くうちに、仕事の楽しさを感じられるようになりました。

でも、「いいママになりたい」という気持ちは、昔も今も変わりません（ついでに言うと、いつかジェラート屋さんを開くのも、子どもの頃からの変わらない私の夢です）。

仕事をすることの意味についても、まず自分が社会経験を積んで、いろいろなことを知らないと子どもに教えることができないと考えているからです。

それに、子どもに愛情を注ぎながら育てるには、仕事をすることで精神的にも経済的にも自立していなければと強く感じます。

だから、いつになるかはわからないけれど、結婚をしてママになったあとも、できることなら仕事と子育てを両立する。

それが、今の私が考えるゴールです。

２０２１年10月

株式会社メディロム　広報マネージャー

八巻　誠

本当の強さとは。

株式会社メディロム 代表取締役　江口康二

常識がない。

実は、これは強みなんだと思う。

誰もが思う当たり前の世界に生きていないということだからだ。

「なぜ？」と思わなくなるたびに、本当は老化が進んでいる。

常識を身につけるとは、つまりそういうことなのだと、マコトを見ていて考えさせられる。


彼女は、本人が言うように、確かに常識がない。

同年代と比べてもポンコツかもしれない。

しかし彼女と話をしてみると、よく観察しているなと驚くことがある。

また、〝常識フィルター〟を通していないので、実はより物事の真実（核心）に近い意見を言ってくることがある。


観察眼と思考能力、そして、他人を決して悪く言わないメンタリティ。

本当に彼女は面白い。

十分ではないか。たとえポンコツでも。

新卒で私たちの仲間に加わった当初、彼女は間違いなく低い視点と小さな世界で生きていた。

しかし、ある頃から向上心が芽生えたのか、つま先立ちで視点を上げようと努力をしはじめた。

きっかけは、なんであったのか。

高みをめざそうと目覚めた彼女は、上昇気流に乗るためのガイドを必要としていた。

私は、少しだけ背中を押せたと思う。

いや、突き落としたと言った方が正しいかも。

もともと彼女は、米国上場をめざす企業の広報にチャレンジをするような、積極性や勇気があったわけじゃない。ただ恐れを知らなかっただけだ。

でも結果は同じことになった。


常識の先に、新しい発想や冒険はない。

20代女性によくある仕事や恋愛といった人生を左右する悩みの中で、人と違う道を歩けること。

それは、すなわち強さだ。


さあ、いい風をつかまえて、高く舞い上がってほしい。

君が羽ばたく姿を想像すると、それは小気味よい。

アチーブメント出版
［twitter］＠achibook
［Instagram］achievementpublishing
［facebook］https://www.facebook.com/achibook

Road to NASDAQ 広報マネージャーの奮闘日誌

2021年（令和3年）12月28日　第1刷発行

著　者――八巻 誠
発行者――青木仁志
発行所――アチーブメント株式会社
〒135-0063　東京都江東区有明3-7-18
有明セントラルタワー19F
TEL 03-6858-0311(代)／FAX 03-6858-3781
https://achievement.co.jp
発売所――アチーブメント出版株式会社
〒141-0031　東京都品川区西五反田2-19-2
荒久ビル4F
TEL 03-5719-5503／FAX 03-5719-5513
https://www.achibook.co.jp
カバーデザイン―渡邊民人（TYPEFACE）
本文デザイン――谷関笑子（TYPEFACE）
本文ＤＴＰ―――合同会社キヅキブックス
校　　正―――株式会社ぷれす
印刷・製本―――株式会社光邦

 ISBN 978-4-86643-101-7